服装专业就业指南

——服装专业学生的40种就业创业方向

吴海峰 著

 中国商业出版社

图书在版编目（CIP）数据

服装专业就业指南：服装专业学生的40种就业创业方向 / 吴海峰著 . -- 北京：中国商业出版社，2021.4
ISBN 978-7-5208-1594-9

Ⅰ . ①服… Ⅱ . ①吴… Ⅲ . ①服装工业—专业—大学生—就业—指南 Ⅳ . ① G647.38-62

中国版本图书馆 CIP 数据核字（2021）第 068760 号

责任编辑：管明林

中国商业出版社出版发行
010-63180647　www.c-cbook.com
（100053　北京广安门内报国寺 1 号）
新华书店经销
北京虎彩文化传播有限公司
*
710 毫米 ×1000 毫米　16 开　9.5 印张　145 千字
2021 年 4 月第 1 版　2021 年 4 月 1 次印刷
定价：49.00 元
* * * *
（如有印装质量问题可更换）

前 言

服装专业学生的生存之道

幼年时，我们心里都装有梦想，成为教师、科学家、飞行员；

中学时，我们都在为学业忙碌，小时候的豪言壮志已经抛在脑后；

大学时，我们开始为生活所迫，又有谁还会记得小时候的梦想……

有人说大学是人生的新起点；有人说大学是人生的转折点，因为大学有了专业的划分。有很多人幸运地选择了自己喜欢的专业，有人则不得不选择了不喜欢的专业，可谓是有人欢喜有人愁，有人因得志喜极而泣，有人因失意心中郁结。许多服装专业的学生属于后者，他们普遍面临一个现象：高考时的文理科生被选择了服装设计与工程专业，美术艺考生被选择了服装设计专业，舞蹈艺考生被选择了服装表演专业……这些都与他们未来的期望大相径庭，所以服装专业的学生普遍存在着专业认同感不足的问题。在他们的印象里，服装就是去服装厂蹬缝纫机，去服装店里做导购员，做服装设计师最后能够出人头地的是凤毛麟角……

作为服装科班出身的老人，我深有体会，因为我也曾经和你们一样被选择了这个专业，一样的迷茫、彷徨和失落。我记得自己高考时，作为一个理化科科接近满分的纯理科生，因为语文不及格落在了“一本”大学的录取分数线边缘上，当时有两个选择摆在我面前：一是上“一本”就要服从专业调剂；二是上“二本”专业任我挑。结果我选择了前者，于是只能听天由命似的等待专业调剂，我想过很多调剂结果，工商管理、人力资源、市场营销……却万万没想到调剂到了自己闻所未闻的服装设计与工程专业，当时的我失落至极，我开始拼命地查这个专业是什么？学什么？以后就业干什么？但是当时网络不发达，关于这方面的信息太少，要么假大空，要么零散碎，搜了很多这方面的信息也没弄懂这个专业。但是我这个人有一个特点就是不管做什么事，只要做都会尽量做好。凭着我做事的这个习惯和信念，我接受了这个专业，去努力学习这个专业，并获得了专业保研的资格，我用七年时间学习、认识了我的专业。毕业后我进入了一所高职学校担任服装专业老师，我开始实践、延续我的专业。一转眼又是七年，在专业陪伴我的十四年学习、工作、生活中，蓦然回首我才发现，我深深地爱上了我的专业，它成了我的一部分。

在这个网络高速发展、资源全面共享的今天，我在和服装专业学生打交道的过程中发现：他们的专业困惑并未因信息大爆炸、大融合而消解，他们还是保留着对服装行业认知的偏颇；对服装专业技能学习的懈怠；对服装专业就业前景的质疑。因此，我想结合这么多年我对服装专业的理解和感悟，撰写一本指导服装专业学生发展路径的书，从服装设计、生产、销售、管理、考编考公、教育培训、创业等方面总结服装专业学生的未来职业发展方向，帮助大家剖析服装行业就业前景，坚定专业梦想，为大家将来就业、创业、深造提供借鉴和依据。

通过这本书，想让大家真正了解服装专业的优势：“衣食住行”衣为首，衣对于人们生活至关重要，服装行业扼住了人们生活的命脉，为你展示自我提供了广阔的舞台；服装专业就业率较高，大众专业鞭长莫及；服装就业、创业方向琳琅满目，四十余种职场岗位任你大显身手。

一句话：服装行业大有可为。

总之，我之所以写这本书，是因为在我从教这么多年以来，发现服装专业学生对专业的失落、对未来职业的迷茫从来没有消减。他们需要有这样一本为他们指点迷津、寻求发展之道的书，所以才整理撰写了这本书。写的不当之处，敬请见谅。

2021 年 2 月

目 录
Contents

第一章

设计篇　一笔一画绘时尚

服装设计师 ……………………………………………………3
服装设计师助理 ………………………………………………6
服装设计总监 …………………………………………………9
时尚造型师 …………………………………………………12
平面设计师 …………………………………………………15
配饰设计师 …………………………………………………18
舞台服装设计师 ……………………………………………21
包装设计师 …………………………………………………24
服装图案设计师 ……………………………………………27
插画师 ………………………………………………………30

第二章 生产篇　一针一线织霓裳

服装样板师 …… 34
服装跟单员 …… 37
服装质检员 …… 40
服装采购员 …… 43
服装生产经理 …… 46
服装车间主任 …… 49

第三章 销售篇　一言一行斗群雄

时尚买手 …… 54
服装陈列师 …… 57
服装导购 …… 60
服装店长 …… 63
区域主管 …… 66
销售经理 …… 69
服装终端培训师 …… 71
服装企划师 …… 74
市场调研员 …… 76
市场拓展专员 …… 79
市场督导 …… 82
网店美工 …… 85
网店客服 …… 88
电商主播 …… 92

第四章

教育培训篇　一思一悟育桃李

服装专业教师 …… 98
美术老师 …… 103
美术培训老师 …… 107
成人培训老师 …… 110
公务员 …… 113

第五章

创业篇　一技一闯成霸业

时尚博主 …… 118
服装微商 …… 121
淘宝网店 …… 126
服装工作室 …… 130
服装专卖店 …… 134
艺术培训机构 …… 137

参考文献 …… 141

第一章　设计篇

一笔一画绘时尚

·服装行业人才需求背景介绍

随着人民生活水平的提高，生活质量的飞跃式发展，人们穿衣打扮越来越讲究，“品牌”“档次”“品位”“个性化”“赶时髦”等层出不穷。加之，当前面对国际环境变化带来的冲击，服装企业逐渐向以价值创新为核心的品牌转型，我国服装产业正处在从“服装大国”向“服装强国”转变的关键时期。服装行业的“洗牌”在促使服装产业结构升级的同时，高层次的设计、技术、管理人员成为广大服装企业新的人才需求增长点，同时，随着国家对创新创业的高度重视和政策支持，使得很多青年学子走向自主创业之路。

服装设计师

服装设计师是用画笔勾勒时尚服饰，用简单布匹做成创意服装，用灵感执掌流行趋势的人。他们可以受雇于企业，成为品牌企业成衣服装设计师；可以打造自己的品牌，成为高级定制服装设计师；可以拥有自己的工作室，成为一名自由职业设计师。服装设计师既要富于创造性，又要善于构思。

当前，随着中国服装行业的转型升级，市场竞争越演越烈，服装企业已经意识到保持产品生命力的关键在于品牌，在于原创设计。因此，企业对服装设计师求贤若渴，他们急需经验丰富，设计理念新颖，深谙时尚潮流，对市场需求极具敏感力，能够进行原创设计的服装设计师。但是，中国缺少像香奈儿、山本耀司等这样有国际影响力的设计师，即便在国内有影响力的设计师也寥寥可数。可以说，中国服装设计师行业存在空白地带，正因如此，服装设计师岗位前景可观。

在千变万化的时尚潮流中，服装设计师独领风骚。他们既是潮流的代言人，也是美的缔造者。他们紧跟时代脉搏，创造出迎合大众口味的服装产品，要想成为一名优秀服装设计师，需要具备以下能力。

1. 专业基础功底要强

服装设计师要具备两项基本技能：一是绘画功底和服装结构造型知识。只有掌握良好的绘画功底，熟知服装结构造型原理，才能逃过“纸上谈兵”的魔咒，准确而生动地进行服装造型款式设计，转化为真正的创意产品；二是要掌握和运用 PS、CAD 等绘图软件，更好地表现你的设计细节、面料、图

案，拓宽设计表现方式，更好地呈现你的设计作品。

2. 把握流行趋势，做时尚达人

设计师担负着引领时尚潮流的重任，要时刻关注流行趋势，把握国际潮流，只有走在时尚的前沿，才能设计出新颖而受欢迎的作品。因此，服装设计师要学会紧盯市场变化，不断研究和预测市场流行；还要走在别人的前面，要试着去分析流行趋势，这样你才能去创造出一些新鲜的东西。此外，服装设计师还要成为一个时尚达人，我们很难想象一个衣着落伍的服装设计师能做出创意时髦的作品，很难想象一个思维守旧的人能做出彰显个性的作品。记住，一定要有现代思维，时刻保持强烈的时尚感。

3. 要有丰富的想象力、创造力和审美能力

想象力、创造力是服装设计师的本能，是一个人是否能成为一名服装设计师的基础，这一点毋庸置疑，所有让人眼前一亮的东西，所有新奇独特的产品都需要想象力和创造力。审美能力，也称审美鉴赏力，只有具备审美能力才能将流行元素、线条、色彩搭配重新融合产生新的作品。因此，以上三者都是一个服装设计师的必备能力。

4. 要有足够的敏感度

服装设计师要对时尚有高度的敏感度，这样才能走在别人的前面，引领时尚；要在激烈的市场竞争环境中时刻保持对艺术的敏感性，这样才能设计出既保证企业效益又满足人们个性需求的创意产品；要善于洞察生活之中的细微之处，在这些看似平凡或微不足道中捕捉创作线索和灵感。

5. 针对市场和商场展开调查

一个出色的服装设计师，不仅仅体现在对于服装设计的艺术功底上，还有对市场大众喜好的掌握能力和必备的营销技巧。因为服装设计出来，只有被大众所接受，才能真正体现其价值。因此设计师的工作还包括针对服装产品的市场调研情况来撰写相关报告，并且和设计总监一起讨论和确定新产品开发的相关计划。

6. 沟通协作能力

在人们的眼中，服装设计师熠熠闪光、高高在上、遥不可及，让人望而却步。其实想成为一名优秀服装设计师也并没有想象中那么困难。纵观国际知名设计师，每个人都各具特色，有的服装设计师既会画又会做，如巴黎的拉格费尔德；有的服装设计师会做不会画，如香奈儿；有的服装设计师会画不会做，如纽约的比尔·布拉斯；有的设计师不会画不会做，如派瑞·埃立斯；有的设计师会画会做但既不画又不做，如丽兹·克莱本。但是，他们都有一个共性——创意，所以只要你有足够的创意，有一技之长，你就可能成为下一个他们。

作为一名服装专业的学生，如果你喜欢服装设计师这个岗位，那么，从现在开始你就要做到：练好基本功，多涉猎《服装效果图》《服装画技法》《服装结构》《服装市场营销学》《色彩搭配》《服装色彩与应用》《立体裁剪》《服装设计学》《服装设计原理》《服饰美学》《服装造型学》《市场调查》《服装心理学》等专业书籍；熟练掌握 Photoshop、CorelDraw9、Adobe Illustrator、服装 CAD 等制图软件；通过参加巴黎时装周等国内外服装展览，市场调查研究分析，大量动手实践创作，参加 CFW 服装设计大赛，中国服装设计师网络作品大赛，服装创新创意设计大赛等专业赛事积累实践经验，锻炼自身设计创作能力。

不经一番寒彻骨，哪得梅花扑鼻香，想要站在服装设计师行业的制高点上，一定要身经千锤百炼、化茧成蝶。切记，时装是艺术与商业的完美结合，是设计师个人风格与社会需求的有机结合，是艺术表现形式与服饰结构的完美融合。

服装设计师助理

相信每个钟情于服装设计的人都拥有一个设计师的梦，但是成功不是一蹴而就的事，需要经过千锤百炼，所谓“磨砺锐锋芒，百炼始成钢”。而作为一个初出校门、毫无设计经验的学生来说，服装设计师助理是帮助你追逐服装设计师梦想的垫脚石，它也是成为服装设计师至关重要的一步，决定着一个服装设计师未来的高度。那么，什么是服装设计师助理呢？

服装设计师助理主要负责协助服装设计师完成作品设计及相关工作。包括帮助服装设计师整理设计草稿，准备样衣面辅材料，跟进样衣研发进度，收集市场信息及流行趋势，负责设计资料的归档、管理工作等内容。但是服装设计师助理并不像大家想象的那样，不需要很强的专业知识，只是帮助服装设计师跑跑腿、打打杂。更不像大家认为的那样，只要穿着时尚，每天和摄影师、模特、客户搞社交活动有一天就可以坐在服装设计师的办公桌上了。真正的服装设计师助理需要具备强大的专业知识和能力，是有颜有脑、雷厉风行的时尚白领的人。

服装设计师助理要具备哪些能力？

1. 要有较强的绘画能力和造型能力

绘画能力和造型能力是服装设计师助理的必备技能。服装设计师助理要以绘画的形式进行服装造型设计，准确表达服装设计师的创作理念。同时，在进行造型设计的绘图过程中要展现造型的节奏和韵律之美，从而激发服装设计师的灵感。

2. 具备服装的款式、色彩、面料基本知识

服装的款式、色彩和面料是服装设计三要素。服装的款式主要是指服装外部轮廓和部位细节造型，外部轮廓主要有 A、X、O、T、H、V 等类型，部位细节包括领子、袖口、褶皱、分割等具体设计，设计都是以此为基础根据流行趋势进行变化。服装色彩是服装感观的视觉印象，例如：浅色给人以扩张感和前进感，深色给人以收缩感和后退感。恰到好处的色彩调配可以修饰人体的不足，彰显人的长处。很多时候服装设计师会安排服装设计师助理独立设计一些产品，然后再对其进行选择或者修改再加以使用。面料是服装造型得以完美呈现的载体，它不仅可以诠释服装的风格和特性，而且直接左右着服装色彩、造型的表现效果。不同质地、肌理的面料完美搭配，更能显现出一个服装设计师的艺术功底和品味。服装设计师助理的工作任务之一就是为服装设计师采集适用的面辅料小样并进行记录和分类，以便服装设计师选择使用，要熟练掌握面料特点，工作才能得心应手。

3. 熟悉服装工艺制作流程

服装工艺制作是服装设计的关键环节，再好的平面设计图如果无法转化为立体成衣也是一张废纸。服装设计师助理要跟进新样衣的进度，与样衣师传递样衣资料，沟通制作工艺，确保顺利完成样衣制作，并进行样衣品质监督和检验。除此以外，还要配合完成烫钻、印花、绣花、烫图、钉珠等工艺，只有熟练掌握工艺制作及流程，才能协助服装设计师完成作品创作。

4. 全面掌握市场信息和消费需求

服装设计师助理要经常跑市场，为服装设计师搜集市场信息，整合流行元素，同时协助服装设计师制订新品销售计划、确定产品价格、分析消费者喜好和接受能力等，协助服装设计师设计出既符合流行趋势又满足消费者需求的终极产品。

5. 熟练应用绘图软件

随着电脑技术在设计领域的深入发展，Photoshop、CorelDraw 和 Painter 等绘图软件的出现，极大提高了服装设计师的设计、制版、推版效率。很多时候，服装设计师助理要将服装设计师的手稿生成电脑绘制图，并进行效果图的完善和修饰，包括结构细节、绣花纹样、图案配色、工艺及辅料配料说明等，这些都需要熟练地掌握绘图软件才能完成。

6. 具有新品系列发布和推广能力

服装设计师助理要协助服装设计师进行新品发布和推广。服装产品发布的重要环节就是宣传，其中包括产品拍照的布景、照片的构图、配色，服装展会或者服装秀的展示方案的设计、商业运作等，这些都是对服装设计师助

理的服装专业知识的考查，对服装产品风格理解及营销策划等能力的考验。

作为一个优秀的服装设计师，要想顺利完成设计任务，使自己的作品产生良好的社会效益和经济效益，离不开各方面相关人员的紧密配合和支持。例如：设计方案的制订和完善需要与公司决策者进行商榷；市场需求信息的获得需要与消费者以及客户进行沟通交流；销售信息的获得离不开营销人员的帮助；各种材料的提供离不开采购部门的合作；工艺的改良离不开技术人员的配合；产品的制造离不开技术工人的辛勤劳作；产品的质量离不开质检部门的把关；产品的包装和宣传离不开策划人员的努力；市场的促销离不开公关人员的付出。因此，服装设计师必须树立起团队协作意识，要养成与人沟通、交流、合作的好习惯。

要想成为真正的服装设计师就必须放下高高在上的艺术家架子，甘心做市场的小徒弟，扎实地掌握服装设计能力，练就服装工艺制作的基本功，很多知名服装设计师都是从服装设计师助理做起的。例如：华伦天奴创始人瓦伦蒂诺在法国的 Jean Dess 和 Guy Laroche 的时装设计室做过服装设计师助理，在此期间他磨炼了自己的鉴赏力和与生俱来的才华，为他以后建造时尚帝国打下了良好的基础。法国时尚设计师伊夫·圣洛朗曾是迪奥的服装设计师助理，在迪奥先生的指导下，他学习到了服装设计师这一职业所需的要领及秘诀，从手稿草图，到每一季完成近 200 个样品的全过程。伊夫·圣洛朗在回忆中写道："迪奥先生让我学到了很多精髓的东西，给了我一个能尽情发挥的平台，从在他那里的学习与实践，我开始逐渐孕育自己的想法，不断地产生出创作灵感，并加强自身的设计，丰富自我，展现自我，从而形成我自己的风格。"

他们的经历告诉我们：想成为一名服装设计师，必须从服装设计师助理做起。服装设计师助理是成为一个优秀服装设计师的必经之路。

很多学生说想要成为服装设计师太难，要么是因为缺乏资金进行包装和宣传，要么是抱怨服装设计师在企业得不到重视，环境不佳，难以成长。其实，只要掌握规律，强加练习，总结经验，成为服装设计师是水到渠成的事。那么，就请你从服装设计师助理做起，向着服装设计的梦想出发吧！

有人说：真正的大师永远怀着一颗学徒的心，真正的学徒永远有一颗大师的心。现在，你需要做的就是掌握扎实的服装专业理论知识，正如前面服装设计师章节提到的，多涉猎服装设计师的相关书籍，多参加系统性培训，进行兼职锻炼，增加经验积累。这一路上，一定有坚持、有停滞、有欢笑、有泪水，但是请不要放弃，因为正是这些经历成就你的设计梦。

服装设计总监

记得有这么一句话："人生总有几个阶段，要穿越不为人知的黑暗，最终涅槃成一个新我。"服装设计总监就是这样一个涅槃新生的职位，服装设计总监是所有服装设计师的梦，因为它是服装设计行业的巅峰，受千人敬仰，万人膜拜。

提到服装设计总监，大家经常会和服装设计师混为一谈，其实这两个是不同的职位。想要理清服装设计师和服装设计总监的关系，我们可以从服装设计行业的成长阶段找答案：服装设计师服装助理—服装设计师—资深服装设计师—服装设计总监。这一系列阶段历程再一次证明了服装设计总监的地位。服装设计总监是一个货真价实的"金领"行业，身在华丽背后却与名人为友，受同行崇拜又引领时代风尚。

纵观国内外服装设计总监的心路历程，服装设计总监至少要有五年以上设计经验，除了具备服装设计师的技能外，还要有强大的影响力、控制力、管理能力、应急处理及协调能力和思维格局。

1. 影响力

当一个人做到了服装设计总监这个职位，说明他已经有了足够的影响力，其代表作已经不胜枚举，在设计圈备受关注。这种影响力不仅仅是因为其作品，而是因为其自身价值已经足够优秀，自身散发的魅力已经足够去吸引身边的人。

2. 控制力

服装设计总监尽管不能每件事情都亲力亲为，但他却是整个项目设计的

灵魂，需要对项目整体的创意风格、设计理念及品牌格调给予专业性指导。在整个设计项目推进过程中，需要对设计进度、作品品质进行全程把控。

3. 管理能力

服装设计总监作为设计团队的领导者，需要强大的管理能力，这体现在自身管理、团队管理、层级管理等方方面面。服装设计总监作为企业老板、客户、服装设计师三者之间的沟通中介，既要和老板交流进行顶层设计，又要迎合客户需求，还要将高层决策准确地传达给设计师。此外，充分挖掘服装设计师的潜能，为企业培养优秀设计人才也是服装设计总监的重要价值体现之一。

4. 应急处理及协调能力

在项目推进过程中，经常会遇到人手不够、资源紧缺、预算不足等各种各样的问题，即需要遵循项目设计方案，又要兼顾老板、客户的意见和情绪。另外，经常会有临时突发状况，需要快速反应和处理，第一时间想出应对之策，与相关人员协调解决这些棘手问题，这是对服装设计总监的应急处理及协调能力的考验。

5. 思维格局

服装设计总监和服装设计师相比，最大的不同在于思维格局的变化，服装设计师的主要职责是执行创意想法，完成设计需求，重在执行力。而服装设计总监要考虑企业与客户利益需求的一致性，要为企业创造更多价值和更大的影响力。

COSDEAR品牌设计总监张俐在访谈中说："服装设计可以用'繁杂琐碎'来形容，这是一个感性与理性兼备的职业，作为一个品牌设计总监，需要对品牌有整体的掌控和整合能力，面对市场要理性，确定整个品牌的风格、消费群体等各种必要因素后，一切都要以此为基准，不能随心所欲设计自己喜欢的东西，因为这些都是商品。在烦琐的工作中，需要承受各种各样的压力，也要面对多种挑战，要不断尝试着把复杂的事情简单化。"

谈及这个职业，她骄傲地说："一头扎下去了，就陷进这个设计的世界里，拔不出来了，也没想过要离开这份兴趣，这份事业。"

从张俐的介绍中，我们可以看出服装设计总监是个非常考验人的职位，而且她提到兴趣的重要性，只要你对设计有足够的兴趣，不妨挑战一下这个高难度的职业。

俗话说："今天的成就取决于三年前的选择，今天的选择决定你三年后的成就。"现在，你要做的就是为自己充电，等待时机。除了学习服装设计方面的专业课程，还要学习管理学方面的知识，例如：市场营销战略、客户细分战略、市场营销、运营管理、人力资源管理、个人与团队管理、项目管理等课程；多参加设计师的培训课程；多参加服装类设计大赛、创意大赛；多寻找实践设计创作的机会。只要你敢想，梦想就有可能实现。

有人说："人都有两条路要走，一条是必须走的，另外一条是自己想走的，你得把必须走的路走漂亮，才能走自己想走的路。"趁现在还年轻，你还有尝试的资本，不要害怕跌倒，勇敢地去探索，寻找最适合自己的路。

时尚造型师

还记得小时候玩的“小公主化妆换装”游戏吗？其实，很多人都有一个造型师的梦，毕竟，帮助别人打扮得美美的是一件很有成就感和幸福感的事。在“眼球”经济时代，美丽越来越受到人们的关注，人们对美的认识和需求不断攀升，时尚造型师行业成为当下最火爆的行业之一。

时尚造型师也称为形象设计师，是指根据客户的不同形体、气质、肤色、个人喜好和职业特征，为他们提供容貌、着装、色彩、商务等方面形象设计的人。近年来，随着人们生活水平的提高以及美容、服饰等时尚行业的快速发展，形象包装不再是明星的专利，形象设计行业服务对象从明星、模特逐渐向职场及普通人士延伸。一些公关人士参加商务活动时需要形象设计；时尚人士组织聚会时需要形象设计；年轻人参加招聘面试也需要形象设计，这使得形象设计成为一种流行文化，受到越来越多人们的追捧。

目前，时尚造型师可以归为四种类型：一是明星造型师，他们帮助明星、模特、名人、电视主持人等创造独一无二的造型；二是编辑造型师，又称为时装总监，他们为杂志拍摄和广告打造形象；三是品牌时尚顾问，他们负责进行品牌成衣搭配，为品牌做时尚秀造型及品牌宣传用的平面拍摄造型；四是私人形象顾问，主要是为职场人士和高端人群进行形象设计服务。

提起时尚造型师，很多人将其误认为是化妆师、美容师。其实他们还是有本质区别的。化妆师是为明星、演员和普通客户的头面部等身体局部进行化妆，工作性质为局部造型、色彩设计；美容师是对人的面部及身体皮肤进行美化，工作性质为护理、保养；而时尚造型师是针对特定需求，对客户进行化妆、发型、服饰、礼仪、体态等进行整体组合，工作性质为综合设计。从人类社会发展历程来看，从最初的化妆，到后来服饰、美发、美容、美甲，再到现在对整个人物形象的美化，时尚造型师是时尚的最高境界。

时尚造型师的工作内容包括服饰搭配、化妆造型、色彩诊断、形体矫正训练、礼仪培训等，因此想要成为一名真正的时尚造型师，需要具备以下素养。

1. 要有宽广的知识面

时尚造型师要具备美学、心理学、艺术设计、服装设计、美容美发设计、造型设计及形体礼仪、个人气质、文化修养等多方面的知识储备。综合运用各种知识才能为客户打造一个完美的形象。

2. 要有独特的审美观

时尚造型是一门视觉艺术，审阅美、创造美、传播美是一个时尚造型师的工作宗旨。时尚造型师要对美有足够的敏感力和洞察力，学会发现美、欣赏美，理解美的真谛，寻求和谐美的境界，才能融合各种元素创造出独特的美。

3. 要有和谐的人际关系

想要高效完成工作非一人所能及，往往时尚造型师不是一个人在战斗，需要有强大的团队支持。无论是租借样衣、造型搭配，还是预订拍摄场地、落实拍摄流程，都需要通过分工配合来实现。一个团队之间的磨合程度越高，造型团队越能出色高效地完成工作任务。

在业内素有“点金圣手”的时尚造型师刘璐，她是一个众多明星争相邀请的明星造型师，她担任过《时尚芭莎》的造型顾问，现任 *T Magazine* 中国版时装总监。在她化腐朽为神奇的“魔力”下，周冬雨有了灵气，闫妮成了时髦御姐，杨幂走上了带货女王的道路。有人曾说：大多数女明星从村姑到女神就是一个刘璐的距离。

刘璐对时尚有着超高的敏锐度和超强的专业能力，她非常善于捕捉明星们的个人特质，突出他们自身的优点。从时尚杂志、海报造型，到演唱会、电影及综艺活动的造型，她牢牢把握着明星们在各种场合中的形象，一次次帮助明星进行完美的诠释。

刘璐的例子告诉我们：想要成为一名无可替代的时尚造型师，是深厚的专业底蕴 + 敏锐的时尚感 + 独特的创意的集合体。

相信，现在大家对时尚造型师应该有了比较清晰的认识。作为一个服装设计专业的学生，要学习形象设计基础理论、人物风格定位、现代人物个性化妆造型设计、生活类形象设计、商业类形象设计等主课程。同时辅以美学、时装画技法、色彩诊断、服装搭配、现代潮流妆、个性创意妆、精致唯美妆、经典结构妆、国际时尚吹风造型、红毯造型、芭莎造型、影楼流行趋势整体造型、T 台模特化妆造型、时尚杂志模特平面造型、时尚主持人化妆造型、国际品牌鉴赏课、“指”上雕刻艺术及实用技巧、摄影大片拍摄基础理论及鉴赏、PS 后期修图技巧、艺术修养课程（包括国际礼仪、时尚插花、传统茶道等课程）、消费心理学等；多涉猎造型设计类的培训课程；多浏览时尚类的杂志讯息；多参加时尚造型行业类的比赛；多欣赏音乐剧、画展来陶冶美的情操。从现在开始，修好入门基本功。

程从正曾说：“学习形象设计的第一受益者是自己，忽然间变得丰姿绰约，光彩照人，他人赞许的眼神会让你的生活充满幸福和自信；第二受益者还是自己，在任何岗位上，幽雅得体、赏心悦目的形象总是机会的青睐者；第三是你周围的人，用你的神奇之手为他们扮靓更精彩的人生。”

时尚造型师就是这样一个时尚的阳光职业，充满着神秘和高贵，有意向的小朋友们还等什么？让我们乘风破浪，勇往直前，追逐时尚造型师之梦。

平面设计师

随着信息化的高速发展，人们的生活已经发生了巨大变化，快节奏风起云涌，碎片化信息铺天盖地，粉尘化的个人时间，浅阅读蔚然成风。面对信息大爆炸的今天，平面设计师行业方兴未艾，因为现在是读图时代。

近年来，平面设计行业以迅雷不及掩耳之势快速发展起来，平面设计师成为一种新型的复合型职业人才。因为平面设计与各行各业都有千丝万缕的联系，企业文化、品牌形象、广告宣传、产品推广等，这些都离不开平面设计。所以，平面设计师是一个不限行业、门槛较低、需求量较大的职业，对于初入职场的大学生来说是非常不错的一个选择。

关于平面设计师，官方给出了这样的定义："平面设计师是在二度空间的平面材质上，运用各种视觉元素的组合及编排来表现其设计理念及形象的人。平面设计师的职业范畴非常广泛，涉及网页设计、包装设计、DM 广告设计、海报设计、平面媒体广告设计、POP 广告设计、样本设计、书籍设计、刊物设计、UI 设计等十余中类型。"

当前，平面设计师在一、二线城市尤为活跃。这个行业因为待遇高于其他行业，门槛学历要求不高，吸引了很多青年才俊，但是真正能够凭自己的实力在这个行业立住脚却寥若晨星。要想成为一个出色的平面设计师，应具备以下素养。

1. 要有创造性思维

一个优秀的平面设计师要有将零碎的材料转化为令人惊叹的作品的能力。平面设计师在创作过程中需要无穷的想象力和创造力，即便是漫无边际的冥

想抑或是借鉴作品，模仿其他设计师的风格，要充分运用创造性思维去寻找新的突破点。通过打破固有思维模式，以新的视角创造新的作品，才能打破束缚，脱颖而出形成自己独一无二的风格。

2. 要有精湛的摄影技能

如果想要成为一个全能平面设计师，需要掌握精湛的摄影技能，多学习一些摄影技巧，形成自己的摄影风格，从而制作成独具一格的作品。就像日本新锐设计师吉田ユニ那样，很多人看到她的作品的时候，脑海中都有这样的疑问："这是电脑合成的吧！"但实际上它们全是真刀真枪实物还原的场景，只靠相机定格，是一瞬间的胜负。吉田的平面艺术作品全是经过精密计算和反复试验的结果，全程由人工完成。她对于实物有着异乎寻常的执着，也对实物有着独特的运用方式和视角。在她眼中，好的作品应该"一气呵成"。只有这样才会带来意料之外的结果，并让她在创作中可以进行更深入的思考。

3. 熟练掌握图形设计技能及表现手法

图形设计技能包括绘画、形状构成、图形创意设计、三维模型创作等。创意不是凭空而生的，也不是妙手偶得的，尤其是对于平面设计师日需创意量有时高达几十种，仅靠灵感是不可能实现的。因此，创意应该是有迹可循的。平面设计师往往会根据作品特点通过融汇运用直接展示、突出特点、夸张、联想、对比等多种表现手法，碰撞出新的灵感火花，生成独特的作品。

4. 排版技巧

很多时候，人们容易疏忽排版这一设计技能。实际上，最顶尖的广告公司将排版视为设计作品中最重要的元素，它是优秀平面设计师和卓越平面设计师的分水岭。排版需要对字体、行高、字间距、图片、色彩搭配、结构设置等进行充分的整合，以娴熟的排版经验和审美能力，设计出夺人眼球的作品。此外，还要加强对 CDR，AI、PS 等排版设计软件的应用能力，这样可以大大提高平面设计师的工作效率和增强设计效果。

著名平面设计师汪钟鸣，是一位完美主义者，坚信品牌是设计价值最好的体现，并且在实践中以创新实现突破，推动产品审美进化和价值升级。他在专访中说过这样一句话："设计不是技能，而是一种本能，正如人类的进化就是通过本能来驱动一样，设计也是一样，只有完全出自本能的设计，才是浑然天成，完美无瑕。”

在设计作品的时候，汪钟鸣会到生活中寻找灵感，例如在设计“云雀亲子”这个品牌logo的时候，他去幼儿园、小学、公园、商场等实地场景去体会亲子之间微妙的情感。并且，在设计过程中，对设计作品的字体大小、版式结构、色彩布局、情感互动、品牌精神等进行整体融合，最终出色地完成了设计任务，受到客户的一致好评。

从汪钟鸣的采访中，我们可以看出：一个优秀的平面设计师是熟练的技艺+亲力亲为的集合。

作为一名设计专业的学生，我们要熟读专业理论知识，熟练掌握软件技能，亲身参与实践历练，总结过往经验。要学习《设计构成》《素描基础》《色彩搭配》《色彩心理学》《文案设计》《图形创意》《字体设计》《版式设计》《广告设计》等理论知识，掌握Photoshop、CorelDraw、Illustrator、Indesign等应用软件。除此以外，根据书籍、广告、包装、印刷、网页、动漫、展示、VI等不同设计的具体分工，学习相关专业知识和技能；多参加线上线下技能培训类活动；多参与创新创业大赛、企业兼职等进行实践锻炼。记住，机会是留给有准备的人的。

平面设计是一个蒸蒸日上的行业，如果你热爱设计，请调整好自己的心态，背好行囊从现在出发，奋斗到底，当你成功打开设计这扇窗门后，你的整个生活会被它点亮。

配饰设计师

如今时尚界活跃着一批超前卫且炙手可热的配饰设计师，T 台上那些令人眼花缭乱的配饰设计大部分都是出自他们之手，配饰在人们的服饰生活中具有多重功用和意义，除了装饰、美化外，还能够体现一个人着装打扮的风格及偏好。配饰作为服装的附属品，已经成为时尚品牌和奢侈品行业业务拓展的一部分，配饰设计正在进入一个新时代。

配饰设计师，主要负责除服装之外的配饰设计。服装配饰包括发饰、帽饰、耳饰、巾带、颈饰、胸饰、腰饰、箱包、戒指、腕饰、手套、雨伞、扇子、鞋袜及用于装饰服装的花艺等。简单来说，服装配饰就是人身上除了服装之外的所有小到耳钉大到包包等周边配饰。

近年来，国内外开设配饰设计专业的学校较少，而各大服装品牌对专业配饰设计师的需求却与日俱增。2015 年，意大利百年奢侈品牌 GUCCI 打破瓶颈脱胎换骨，注入新活力，而让其起死回生的新任创意总监 Alessandro Michele 是 GUCCI 的首席配饰设计师，他早年在 Fendi 担任资深配饰设计师，后来被 Tom Ford 招至麾下负责配饰设计等工作。世界著名的奢侈品品牌爱马仕 (Herms) 拥有箱包、丝巾、领带、男女装和生活艺术品等十七类产品系列，一直以精美的手工和贵族式的设计风格立足于经典服饰品牌的巅峰，以奢侈箱包和丝巾著称。国际知名品牌菲拉格慕 (Ferragamo) 一向以其声名远播的优质鞋类产品为全世界的名媛淑女们所向往，菲拉格慕是意大利的女鞋王国，风格华贵典雅，实用性和款式并重，以传统手工设计和款式新颖誉满全球，其产品线以鞋履等配饰为主。

由此我们可以看出，服装配饰已经成为时尚界不可缺少的一部分。我们倍感好奇的是成为一名配饰设计师要有哪些技能？

1. 手绘功底

手绘功底是配饰设计师的基本技能，是配饰设计师的创意表达，作品呈现的主要方式，就是配饰设计师妇人手中的“米”。正所谓“人类的智慧就是在笔尖下流淌”。很多时候，配饰设计师用手绘快速记录瞬间的灵感和创意，只有过硬的手绘功底，才能将配饰设计师脑海中创意变成人们眼前夺目的美饰。

2. 选材加工能力

一个优秀的配饰设计师，不仅仅是把灵感画出来那么简单，还要熟知配饰加工工艺以及各种材料性能，懂得选择合适的材料、工艺、结构、生产将设计作品完美地呈现出来。

3. 专业基础要牢

不管是首饰还是鞋靴，抑或是箱包，配饰设计师必须要有相关的专业基础，要掌握饰品的基础款式以及穿戴效果，所谓万变不离其宗，所有的创意都是以基本款式为基础的，只有熟练掌握基础，才能加入新的灵感和元素碰撞出新的设计。

4. 把握流行趋势

流行服饰反映了大多数人的意愿，它集中表现了某一时期人们的整体精神面貌。人们在特定的时间内对着装、配饰的喜爱，以及相互之间的模仿使服饰流行成为一种社会现象。也正是通过模仿，使这些个人的偏好逐渐扩大，进而成为一种社会喜好，并成为一种流动性的社会现象。配饰设计师要实时捕捉国际流行趋势和市场动态，随时能将流行融入设计作品之中，以保持源源不断的新鲜感。

下面，介绍两个世界著名的配饰设计师：

荷兰新锐女性设计师 Iris van Herpen 的设计通常有两个关键词：立体感和体积感。受到荷兰先锋艺术的浸染，Iris 擅长将衣料以不可思议的方式切割、扭转和编织，形成新鲜的视觉观感，3D 技术也是她热衷的领域。Iris 与鞋履界先锋品牌 United Nude 有数次合作，所设计的鞋履无一例外拥有怪异的形状

和超大的体积，再透过 Iris 擅长的制衣方式，在鞋履上制造出丰富的视觉层面，带着浓郁的科幻味，感觉上像是一台台来自未来的重型机械。

Judith Leiber 以高级定制手袋闻名，其作品给人的第一印象永远是可爱而闪亮的，光亮的外表和精细的水晶装饰是 Judith Leiber 的标志性设计，而品牌也适当提供以高级皮革、天鹅绒等材料制作的成熟型晚宴包。让 Judith Leiber 声名鹊起的最大原因是配饰设计师从来不按常理出牌，除了传统包型，配饰设计师更爱将种种生活所见融入设计之中，从生活用品（烟盒、纸杯蛋糕）到自然万物（花朵、珍禽异兽），都被纳入其中，并以宝石、水晶石、玛瑙以及珍珠贝壳等材料拼凑出典雅的图案，以华丽的风格呈现。

以上两名大师分别是鞋靴界和手包界的翘楚，从对她们的介绍中我们可以看出他们都有专属于自己的设计风格，而且她们都擅长利用不同的材质进行造型创作，达到与众不同的效果。这也足以说明一个优秀的配饰设计师不仅要有超强的想象力和创造力去设计作品，而且要善于灵活运用不同的材质去展现设计效果，最终形成自己的设计风格。

作为一个设计类学生，如果你对服饰设计有足够的兴趣，就要加强对服装配饰设计时尚趋势的理解和感悟，及时关注，与时俱进。除了研读《配饰设计与制作》《饰界》《设计色彩与构成》《服饰品创新设计》《服装配饰设计》等相关书籍，还要掌握珠宝设计、箱包设计、鞋靴设计等有针对性设计方向的专业知识；通过不断实践练习，加强对专业理论知识的理解，提升专业技能；要多去市场转转，了解当前时尚饰品前沿动态；多浏览一些时尚服饰穿搭的网站，学习服饰搭配技巧；通过临摹大师的作品来锻炼自己的基本功；通过参加服饰类设计大赛积累更多的实战经验，为以后走上饰品设计之路打下坚实的基础。

所谓鹰击长空，鱼翔浅底，虎啸深山，驼走大漠，它们都是因为找到了自己的梦想之翼，才有了它们施展才华的空间。那么，从现在开始让我们插上配饰设计的梦想之翼，为将来有一天遨游配饰界大展身手。

舞台服装设计师

对于舞台表演，大家都很熟悉，对于舞台表演服装，你又了解多少？从影视剧演出服到节目舞蹈演出服，从戏曲表演服装到话剧表演服装，从古典人物服饰造型到现代卡通人物服饰造型，乃至游戏服装设计，它们背后都隐藏着一个伟大的创作者——舞台服装设计师。

舞台服装是舞台艺术与设计的结晶，牛津英语字典中对其定义为“一套典型的或者一个特定的国家或历史时期的衣服，或适合某一特殊活动”。顾名思义，舞台服装设计师就是为特定的表演活动设计特定服装的人。因其服务对象的特殊性，他们除了要具备服装设计师的专业技能外，还要具备以下能力。

1. 能够帮助表演者完成特定角色的塑造

舞台服装设计师在创作初期，首先要详细研读剧本，了解剧本故事的背景、事件、时间及人物关系等，要将剧本情景融入舞台服装设计之中，把所有信息集中展现在一件衣服上。设计作品要充分展示表演者的角色定位，使其为剧情增砖添瓦。由此可以看出，舞台服装设计师创作的过程不仅是对一件服装的设计与创作，更是对整个戏剧的理解过程。

2. 具有独特的舞台艺感力和创造力

黑格尔曾说：“艺术作品比起任何未经心灵渗透的自然产品要高一层。”舞台服装属于艺术服装范畴，是日常服装的再造和升华。因此，艺感力是舞台服装设计师的重要品质。舞台服装设计师在反复阅读剧本的基础上，契合原作思想，对剧本相关情境进行无尽想象和思考，将自己的理解和想象内容

与原作描述的情节进行有机融合，进而创造出作品，这是一个对人物形象触发、构思和完善的过程。设计作品充分体现了舞台服装设计师对脚本的理解，对角色意义的诠释。因此，舞台服装设计师要有独特的舞台艺感力和设计创造力。

3. 具备丰富的形感力和情感力

舞台服装要贴合剧本特定情境。随着历史变迁，朝代更迭，服装款式造型不断变化，同一时期因用途不同服饰也是变化万千。例如：古代春秋战国有胡服，汉有曲裾，唐有披帛，现代的旗袍、中山装、民族服装等，可谓各具特色，各有千秋。面对这么多服装款式造型，舞台服装设计师必须有一目百衣，背服如流的形感力，才能设计出应时应景又独具创意的作品。除此以外，舞台服装设计师还要有极强的情感力。舞台服装具有极强的情感色彩，它集人物角色的性格、喜好、思想、情绪为一体，它以静态的具象展现了人物的情感思想和精神面貌。由此可见，舞台服装是艺术与人物形象的载体。

我国著名舞台服装设计师董淑芳，她致力于舞台美术设计 20 多年，她的许多设计作品荣获国家级、省级服饰设计大奖，舞蹈如《霓裳羽衣舞》《潘金莲》《雅鲁藏布江》《踏歌》等，舞剧如《文成公主》《剑》《西夏女》《徐福》《铜雀伎》等。其中，她的舞蹈精品《踏歌》的服饰荣获中国最高级别舞蹈比赛——首届中国舞蹈“荷花奖”比赛最佳舞蹈服饰设计奖和舞蹈作品金奖双项大奖。

在《适合与创意——中国著名舞台服饰设计师董淑芳访谈录》中，董淑芳这样说：“要想做一名好的舞台服饰设计师，所需要的东西太多了，绝不是会画几张效果图就可以了，绝不是这样。要想创作出好的服饰作品，必须要有一个全面的想法：它的布景、灯光应该是什么样？它的音乐是什么风格？编导是怎么想的？我怎样综合把握并出色地体现它们？等等。当然，如果你只想泛泛地完成任务，那就另当别论了。为什么许多外国服饰设计大师很成功呢？其重要原因就是他既是画家，又懂舞台美术和音乐，有很高的综合艺术修养。”

董淑芳的话告诉我们：一个优秀服装设计师不一定能成为一个舞台服装设计师，舞台服装设计师要有将舞台艺术和设计进行完美融合的高深造诣。

作为一名服装设计专业学生，如果你痴迷于设计，专情于舞台艺术，你就可以在这个领域尽展智慧和才华。那么，现在你要做的就是：扎好马步，踏实练功。首先，要用心学习《造型设计》《服装制作工艺》《面辅料的运用》《舞台服装色彩的表现价值》《舞台服装特点》《民族类服装设计及制作》《T台服装造型设计及制作》《晚会表演类服装设计及制作》《中外服装史》等相关课程，夯实理论基础。其次，要多参加校内外、省内外、国内外的服装专业设计大赛、创新创业赛事，在实践中练就真功夫。再次，要多看一些名师大家的优秀作品，总结设计规律；还要多熟悉古今中外服装史的特点和演变历程。最后，要多了解舞台服装设计岗位要求，注重能力的培养，为将来走向这个领域打下坚实的基础。

当前，在全球化的背景下，舞台服装设计兼具国际化理念和中国特色为一体，以一种全新的方式不断推陈出新。而且，伴随着电子激光等高技术元素大范围渗透到舞台媒体设计之中，使得舞台服装从单调布景、直线T台、定点造型设计变为全方位、立体感的视觉震撼。在高技术元素的催生下，舞台服装设计不断沉淀、创新，舞台服装设计行业正在日新月异，蓬勃发展。

相信，此刻的你已经蠢蠢欲动了，那就赶快行动起来吧！只要有斗志充满心灵，再凭着坚强的意志和独立不羁的才智，总有一天你会站在这个舞台上。独领风骚。

包装设计师

所谓人靠衣装马靠鞍。想要在激烈的市场竞争中脱颖而出必须要吸引人的眼球。因此，包装已经成为企业进行产品推广的重要手段，正如汪小菲私家茶瓶体造型设计一样，该造型由大S亲自设计，她以抹胸裙子的少女曲线为创意点来勾勒瓶身曲线造型，想象着手握瓶身就像握着女士的纤腰一样，包装设计契合饮品的功能，表达了所有女性的心声。

据了解：家庭主妇到超级市场购物时，由于精美包装的吸引而购买的商品通常超过预算的45%左右，足见包装的魅力之大。在经济全球化的今天，包装与商品已经融为一体。包装成了品牌理念、产品特性、消费心理的综合体，它直接影响到消费者的购买欲。它作为实现商品价值和使用价值的手段，在生产、流通、销售和消费领域中，已经得到企业界的广泛关注。

包装是无声的推销员。它除了保护商品、传达商品信息、方便使用和运输等基本功能外，还承载着提升产品附加值、满足消费者心理需求的重任。这样就对包装设计师提出了更高的要求，需要将商品属性、价值和艺术融为一体。

当前，有学者将品牌包装设计定义为：从商标、图案、色彩、造型、材料等构成要素入手，在考虑商品特性的基础上，遵循品牌设计的一些基本原则，如保护商品、美化商品、方便使用等，使各项设计要素协调搭配，相得益彰，以取得最佳的包装设计方案。由此可见，这对包装设计师提出了一定的要求。那么包装设计师需要具备什么样的能力才能在这个行业站稳脚跟呢？

1. 熟悉包装设计史

了解包装设计发展历史可以帮助包装设计师掌握包装设计的过去和发展路径，帮助包装设计师掌握包装在整个历史的设计进程以及近年来在国内外的发展动态，为时尚发展方向提供思路。同时，传统的包装设计思想和素材是包装设计师的宝贵财富，从优秀传统文化和设计中吸取灵感，对作品的创新有很好的借鉴和指导意义。

2. 结构造型能力

包装设计的领域涉及食品包装、药品包装、保健品包装、化妆品包装、日用品包装、数码产品包装等多个领域，一个好的包装要包括品牌文化、产品基本信息、艺术创意等。面对复杂的包装类型，创意包装要实现从平面设计到立体结构的转化，并且要保证产品特性、结构与平面设计完美贴合，这对于包装设计师的要求是非常高的。

3. 广告营销策划能力

我们已经知道，包装是企业营销的重要载体。一个好的包装设计师在进行包装设计之前，首先要对营销策划做到胸有成竹，毕竟设计跟营销两者是分不开的，设计的目的就是帮助企业获取最大商业价值，因此要带着营销策划进行包装的创意设计。

4. 手绘基础及电脑设计软件

手绘能力是包装设计师进行平面设计的基础。随着技术的发展，各种设计软件应运而生，提高了设计效率，美化了设计效果，这也是包装设计师必不可少的技能。要想在众多包装设计高手中脱颖而出，技术功底绝对要过硬。这个过程是一个日积月累，熟能生巧的过程。

我国有很多知名包装设计师，其作品影响深远广泛。如被誉为“中国当代最有价值产品包装设计师”潘虎，他从“嫦娥奔月”的故事受到启发，在月饼礼盒设计中采集并重构敦煌元素，用设计为消费者呈现了一个不一样的中秋。让“嫦娥奔月”变成了反弹琵琶版“飞天奔月”，嫦娥抱在怀中的白兔则变成了绕月而奔的三耳兔，以新古典主义复活敦煌精灵，助推良品铺子引领零食行业新潮流。

在图案设计元素上，以多种敦煌元素层层叠加围绕成中心的月圆，如同

一条“时光隧道”，凤凰、三耳兔、翼马、九色鹿、飞天等元素从千年前的敦煌飞奔而来，开启悠悠千年的声色传奇；在图案配色方面，以对风化之前的壁画极尽璀璨的设想，在部分元素的处理上采用鎏金工艺，以极富装饰性和层次性的美感，将敦煌传统元素与现代工艺相结合，致敬克里姆特的“金色欲望”。

从以上介绍中我们可以看出：包装设计师要了解包装设计的设计规律，具备包装设计理论知识和实践操作能力，掌握比较扎实的绘画能力和较高的文字、图形创意能力，同时还要具有高雅的审美情操，做一个全能型人才。

作为一名服装设计专业学生，如何能与包装设计师更贴近一点呢？要学习《包装设计》《广告设计》《包装结构》《标志设计》《企业视觉识别设计》《色彩》《包装印刷工艺与经济成本核算》《现代设计史》《市场调研与设计定位》《包装促销与消费》《包装设计与品牌塑造》《包装策略及其应用》《设计辅助软件》等专业课程；多参加“中国包装创意设计大赛”“亚洲学生包装设计大赛”“Pentawards 全球包装设计大赛”及具体相关行业的包装设计大赛，扩充眼界，增长见识，多学习研究优秀设计大师的作品。

世界何以辽阔，值得我们亲眼去看看，作为设计专业的学生，自己的眼界是尤为重要的，只有拓宽了眼界，我们自己的设计才会有更多的亮点，才能在众人中脱颖而出，光芒四射。

服装图案设计师

近年来，服装风格越来越年轻化、个性化，大批原创设计师品牌诞生，服装市场也在经历一次大洗牌。然而，服装的个性化需要什么来呈现？因为款式变换的局限和成本价格的限制，能给人第一视觉冲击的就是图案，因此，服装图案设计越来越受到市场的重视。很多品牌化的公司都会专门成立图案组，围绕每个季度的主题进行一系列的图案设计，更好地突出品牌卖点。现如今，大部分服装的设计是依靠图案完成服装造型的，优秀的服装图案设计师必会受到越来越多的追捧。

服装图案设计师是指服装行业中运用现代设计观念、程序和方法从事服装产品的图案创作设计的专业人员。想要成为一名优秀的服装图案设计师，不仅要有一定的色彩和绘画基础，还要对纺织品原料、服装风格等有全面的了解和把握。具体要掌握以下能力。

1. 市场敏感度

在服装图案设计中，最主要是考虑产品的销售市场和地区，充分考虑到各地区人们对服装的喜爱和审美观念。对市场形势变化足够敏感，对商机反应迅速，能通过分析搜集到服装图案领域的前沿资讯，敏锐地洞察图案市场的新动向、新趋势，从中获取新的灵感。

2. 色彩敏锐度

图案色彩搭配至关重要，为了保证整体图案色彩的和谐，这就要求服装图案设计师具有很强的色彩搭配能力。作为专业的服装图案设计师，则更应该知道色彩的自然属性，了解其在生活、设计和人类文化中的作用和特殊含

义，这样才能依据不同人的心理需求，设计出更多更好的产品来，给人以良好的视觉感受，满足人们的个性化追求。

3. 图案设计、面料、工艺基础

了解图案设计、图案分类、材质、工艺等基础，是一个服装图案设计师的基本能力，只有熟练掌握基础设计、材质和工艺，才能使设计产品在造型、构成、色彩等方面完美地融合在一起。

4. 熟练运用设计软件

设计软件是辅助设计制图的重要手段，可以帮助服装图案设计师以更快捷的速度，优质的画面效果呈现设计作品。熟练运用 CorelDraw、Photoshop、AI 等图案设计软件，对服装图案设计师完成服装产品图案的开发以及图案的后期处理工作具有重要意义。

5. 图案文化

服装图案设计师在进行图案设计的时候，会参考国内外的复古文化，做到“洋为中用，古为今用”，这就是我们所说的“时尚轮回”或者“时尚周期”。正因为服装图案设计师会不断吸取古代文化的元素融入现代设计之中，使设计作品带有复古文化的影子，却又推陈出新深受人们的喜爱。很多知名服装图案设计师利用不同的复古图案题材，从不同的生活视角挖掘时代的痕迹，创造了惊世的作品。例如：在 2018 年春季时装秀上，川久保玲将 20 世纪八九十年代日本动漫图案带进了时尚界，令所有人眼前一亮。看似繁复无序的满身印图案都是服装图案设计师精心思量的产物。她将动漫原画本的白框去除，没有了边界的动漫场景就像脱了缰的野马般蜂拥而至，线条的穿插走势，色块的碰撞拼接，无一不展示着那个放纵不羁、浪漫的时代。通过这些复古图案的交错，将人们带回到那个自由随性的复古年华，享受那时的青春停驻的美丽瞬间。

想成为一名优秀的服装图案设计师也并没有想象中那么困难。只要你把握时代潮流，对生活时尚、服饰潮流、色彩有敏锐的嗅觉和市场洞察力；擅长灵活运用色彩，有较强的创作设计能力；熟练使用美学、平面设计、服装设计、电脑绘图软件；对服装的各种辅料装饰手法运用熟练；当然还要通晓古今文化，善于从复古文化中摄取养料，你的未来不是梦。

服饰图案设计有多种类型，根据图案的具象内容，可以分为花卉图案、风景图案、人物图案、动物图案等；从工艺方式上，图案设计可以分为印花、刺绣、手绘、编织等。因此，作为一个设计专业的学生，要掌握各种形式图案的设计技巧，要多涉猎《服饰图案设计》《图案设计与应用》《绣花图案设计》《印花图案设计》《T恤图案设计》《新民族图案设计教程》《手绘图案设计》等图案设计知识。还要学习《服装结构》《服装造型》《服装工艺》《服装面料》《市场调研》等多方面的知识。此外，要了解《中外服装史》《中国图案史》等古今中外的图案复古文化；多看看大师每年推出的优秀作品，临摹学习；多掌握市场信息，图案设计动态；多利用身边的资源和条件进行实习锻炼，多参加中国童装图案设计大赛、中国“原色杯”时尚女装印花图案设计大赛、T恤图案创意设计大赛等赛事，学会思考和总结，你的能力一定会持续提升。

“铜雀春深处，玉兰花开满园香”。作为设计专业的你，也许你对图案设计行业已经有所关注，对服装图案设计师职业早已经心动不已，请从现在开始，编织你的设计梦，成就你的职业未来。

插画师

插画作为一种艺术形式，已经成为现代设计的一种重要的视觉传达形式，以其直观的形象性，真实的生活感和美的感染力，在现代设计中占有特定的地位，现如今各个行业对插画师需求也越来越多。

插画师是以绘画插画为职业的人。插画师不同于艺术家，艺术家的绘画风格往往一成不变，而插画师的作品具有多变性和不固定性，这也就意味着插画师的风格具有流动性和自由性。同样，与艺术家不同的是，插画师可以从事多方面的工作：有媒体出版行业的插图作者、儿童插画作者；有广告行业的写实插画家；有卡通吉祥物设计师；更有游戏和影视插画设计师，加上游戏和影视作品有大量的分镜绘制、场景设计工作，使得游戏影视行业对插画师的需求较大。

插画师当前发展现状如何？目前，插画师的市场需求在不断扩大，企业形象宣传、产品包装、影视媒体等都对插画师有较大需求，插画行业的包容性很强，也不再像以前一样局限于纸上，在 3D、多媒体等领域也已经得到广泛应用。近年来，随着电脑技术的日益成熟，还出现了 CG 插画的热潮；随着 VR 技术的进步，许多插画师开始涉足 VR 领域，成为 VR 影视发展不可缺少的重要角色。现如今，插画师已经成为一大热门行业，与明星、律师、服装设计师等一样，成为一个地位高的高薪职业。

插画可以游走于大多数行业领域，几乎可以说是无所不能。那么对一个插画师的能力要求有哪些？

1. 沟通能力

沟通是工作中不可缺少的艺术。团队之间需要沟通才能顺利地开展工作；和上级沟通可以更好地满足他的要求；和客户沟通才能满足客户需求。因此良好的沟通会使插画师的设计理念和创意更加贴合客户意向和大众口味，使其设计作品发挥更大的市场价值。

2. 造型能力

造型能力是指用素描或色彩塑造形象的能力。作为一个插画师，其基本能力训练目标，就是要做到对形的概括、提炼和准确的表现。其技术要能支撑表达意图，能在创作中掌控形象和控制画面。

3. 概括能力

插画师要创造形形色色的作品，从日常生活的实物中搜集素材，不管是人物还是场景，都需要极强的概括能力，能够把三维事物转化为二维几何图形，概括水平的高低直接影响着插画质量和创作效率。

4. 绘画能力

绘画能力是成为插画师的基础，同时也是成为插画师的关键，只有具备过硬的绘画能力，才能用手中的工具画出脑海中的作品，才能完美地展现作品的每一个细节，最终形成专属于自己的风格。

许多人都有一个插画梦，意味着可以追寻心中的艺术和自由的理想，（艾子靖）Maggie Ai，生于“设计之都”深圳，90后射手座女子。她时尚但不盲从，自我而有腔调。就是这样正能量十足的女生，不经意间一个浅浅的微笑，让人相信世界是有天使存在的！当全世界的人都在追逐“名利”的时刻，抛开形式主义听从内心的Maggie Ai不是奇怪而是珍贵。至少，她选择做时尚插画师源于内心。确切地说，她活得独立自我，找到适合自己的生活方式，明白自己想要什么。

在商业利益的驱使下，很多人受不住金钱的诱惑，使得自己的插画作品完全成为商业的产物。对于一个插画师来讲，丢失了自己的独特风格就丢掉了一切。所以，想要成为一个像Maggie Ai这样的大师级人物，一定要守住寂寞，遵从内心。

此外，插画师还要善于观察生活。一个喜欢洞察生活中信息及时尚元素

的人是插画师的合适人选，因为这些都是创作的元素来源地，插画做得好的人，必然是个时尚的、与时俱进的人。

作为一名服装专业学生，想要成为一名插画师，要学习《素描基础》《速写》《色彩基础》《设计基础》《透视与构图》《人体结构与动态》《中国画基础》《美术概论》《影像基础》等课程；要熟练应用 Photoshop、CorelDraw、Illustrator 等设计软件；要多看多临摹大 V 的插画作品；要多画多练多尝试，最终成为一个专业技能过硬、美学素养较强、创意风格独特的人。

插画师这个吸金又吸睛的职业正引得很多设计专业年轻人趋之若鹜，只要你有梦想，请大胆地去尝试，去奋斗，努力活成自己最喜欢的模样。

第二章 生产篇

一针一线织霓裳

服装样板师

有一种职业，被视作“把设计理念转化为可操作实现的承上启下的灵魂人物”，它就是服装样板师。因为服装样板师所做的工作就是将服装设计师的设计款式图根据说明、尺寸等要求做成平面纸样，再经过面料裁剪、制作工艺等环节生成最终的成衣。服装样板师被定义为：体现服装设计师创意，将设计图纸转化成立体的、动态的时装的专业人才。可以看出，样板师是服装产品从设计到成衣中的关键一环。

目前，服装样板师普遍稀缺，尤其是受过专业训练、具有专业制版经验、有专业职称的高级样板师更是各大服装企业相互争抢的对象。有数据显示，仅常熟地区就有5000多家服装企业，有专业经验的样板师却屈指可数。服装样板师已经成为紧缺、高收入的一个职业，服装样板师的短缺已经成为中国高级成衣发展的瓶颈。

服装样板师的工作往往不像服装设计师那样光鲜亮丽、耀眼夺目，但却是一个对技术要求很高的职业，烦琐的结构细节，服装造型的塑造，服装设计师创意的实现，艺术素养的体现等，对服装样板师提出了多方面的要求，其具体能力要求如下。

1. 掌握制版技术，有扎实的专业基础

服装样板师最重要的就是掌握制版技术，能够独立完成制版、放码、排料等环节。这就需要不断地进行专业的学习领悟和练习。另外，制版还需要对人体结构有深入的理解，对尺寸、部位有精确的把握，这些都需要服装样板师掌握丰富的服装制图、服装生产工艺及服装CAD等专业基础知识。

2. 领悟能力强，能准确把握服装的款式

服装制版需要将设计图纸变为平面款式图，再变为立体的成衣，这就需要样板师能够领悟服装设计师的设计思想，把握服装创作的意图。服装样板师要充分了解每一种面料的肌理、图案、质感等特性，这些因素对服装分割线和松量的影响都不同，这些细节是没法定位、定性和定量的，需要服装样板师在领悟的基础上，准确把握服装的款式，选择合适的面料制作成合适的样衣。

3. 要有审美能力，能够严谨地进行样板处理和制作

很多模仿国际大牌款式的服装，却实现不了同样的服装效果。这就是所谓的形似而神不似。其原因主要出在版型上，服装样板师要通过版型的处理体现设计理念，所谓差之毫厘谬以千里，很多时候版型上差一点就会有完全不一样的效果。而版型往往对一个人气质的起决定性作用。此外，样板师对版型的处理也是审美水平的重要表现。因此，服装样板师要培养高层次审美水平，能够对服装版型进行严谨的细节处理和制作，才能实现服装独特的气质和效果。

4. 熟练掌握服装制作工艺流程

服装样板师不仅仅要掌握制版，还要熟悉服装的整个制作工艺流程。能够完成样衣从局部到整体成衣的制作过程，在样衣制作过程中及时发现问题，处理对相关细节进行处理和完善，最终生成完美的成衣作品。

服装样板师不像服装设计师那样经常在聚光灯下展现自己的设计作品，服装样衣师一般受雇于企业，服务对象更倾向于大众成衣，他们主要在成衣的造型结构、舒适度上下功夫，许多有经验的服装样板师会撰写相关的专业书籍，为大家学习服装结构及制作工艺留下宝贵的经验和财富。例如：国内服装结构的启蒙先锋蒋锡根老师，他被称为叩响近代中国结构大门的“鲁迅”，将中国服装制版行业推向了现代觉醒之路。他的著作《服装母型裁剪法》《服装裁剪疑难解答 150 例》是现在所有平面制版理论基础。刘建智老师出版的《服装结构原理与原型工业制板》，非常透彻地讲述了从立体裁剪转换到平面结构，被公认为是一本非常实用的书，到目前为止还广泛应用于服装企业。

服装样板师并不是一个可以挣快钱的职业，需要扎实的专业基础，较高的技术水平，严谨的工作态度，丰富的经验阅历。服装制版的过程往往是严谨且枯燥的，这也正是这个职业的与众不同，一个优秀的服装样板师要耐得住寂寞，潜心钻研，用心制作。这个职业往往更倾向于性格沉稳严谨的人。

如果你想成为一名服装样板师，就要对服装专业知识与技能进行广泛深入的学习和锻炼。修读《男装结构设计》《女装结构设计》《童装结构设计》《服装立体裁剪》《成衣工艺》《工业制版》《人体工程学》《服装材料学》等专业课程，多涉猎《服装制作基础事典》《服装结构设计及其应用新版》《服装厂纸样大全》《服装工业制版》《世界经典服装设计与纸样》等服装类书籍。另外，在不同阶段参加适合的专业培训是非常有必要的，可以使自己的技术和理论基础更扎实、系统，争取企业实习的机会，在真正的岗位上历练，可以帮我们迅速成长。

服装样板师是服装行业的高级魔术师，是设计师理念的实现者，是将理想的美变成现实的关键，如果你的性格、专长更接近于服装样板师，那么千万不要错过机会，也许服装样板行业的下一个大 V 就是你。

服装跟单员

相信，很多人都听过服装跟单员这个名字？但是很少有人去了解过它究竟是一个什么样的职业？服装跟单员是指在服装企业生产制作服装的整个流程中，跟踪产品或服务的运作流向，然后根据客户的订单对出货交期负责的专职人员，服装跟单员广泛存在于订单型生产企业和进出口服装外贸企业之中。

服装跟单员这个职业相对来说是一种比较新型的职业，服装外贸在我国外贸中占有极其重要的地位，服装跟单员是服装企业的重要工种之一，也是服装外贸的重要岗位之一。随着外向型经济的增长，服装跟单员已成为热门的岗位，但是，目前服装跟单员在市场需求中存在着很大的缺口，所以就业前景是很光明的。

不管是生产型服装企业还是外贸企业，根据工作内容不同服装跟单员一般分为业务跟单和生产跟单。业务跟单主要负责与客户沟通联系，取得客户信任从而达成合作，也被称为业务员；生产跟单主要负责产品的整个生产工作，对已接来的订单进行生产安排，对生产进度进行跟踪，按期将货物送到客户手中，主要业务有前样确认，船样确认，企业与生产工厂的沟通衔接，原料质量鉴定，生产技术，产品包装方式，交期的跟催和跟进等。

服装跟单员对能力有多层次的需要，既要对客户进行推销跟进，进行业务拓展，签订合作合同，也要对生产进度进行跟踪，按期将货物送到客户手中，是一个很具有挑战性的热门职业。想要成为一名优秀的服装跟单员，需要具备以下的能力。

1. 市场分析能力

进行业务跟单需要进行销售，首先就需要了解市场行情，分析市场竞品信息，目标客户的需求，才能有针对性地与客户洽谈，进行业务推进，最终达成合作交易，完成销售订单。

2. 熟知产品特性和谈判技巧

在业务跟单的过程中，需要经常与客户打交道，进行推销和订单跟进。在跟进的过程中，需要对自己企业服装产品有足够的了解，熟知产品的特性、优势和价值，同时熟练地运用恰当的谈判技巧促成订单，完成交易。

3. 良好的沟通协调能力

服装跟单员需要根据订单合同要求，负责订单的全程跟催，这个复杂的、全方位的工作非常考验服装跟单员的沟通协调能力。在跟催过程中，需要与企业、工厂、客户及相关部门进行沟通，与他们协调各项工作问题，因此，良好的沟通协调能力能使服装跟单员在工作中事半功倍。

4. 认真的工作态度

服装跟单涉及产品生产的各个环节，任何一个环节把关不严都会造成无法估量的损失和后果。另外，工艺单的审核也至关重要，一个小小的失误可能导致一个订单的失败。所以，服装跟单员要有认真的工作态度，需要细致认真地处理好每个细节。

5. 具备多方面的知识

服装跟单员的工作需要谈判、报价、接单和签合同等，需要掌握基本的贸易术语和流程。在跟催整个贸易过程中，需要了解运输、保管、配送、报关等货物运输知识。此外，还需要有较强英语基础，熟悉国际法等。只有涉猎多方面的知识才能顺利完成工作。

订单是企业生存和发展的基础。跟单工作是企业的主生命线，作为跟单工作负责人的服装跟单员，其工作跨越企业运作的每个环节，他是企业内各部门联系的纽带，是企业对外联系的窗口和门户。

如果你想成为一个紧握企业命脉的服装跟单员，首先就要学习相关专业知识，多涉猎《服装理单跟单及实例解析》《外贸跟单实务》《服装企业理单跟单》《服装理单跟单实务》等专业书籍。另外，还需要具备多方面的知识，营销与管理方面可以学习《营销管理》《定位：争夺用户心智的战争》《市场营销：原理与实践》《销售与销售管理》等书籍；市场分析方面可以研读《当代市场调研》《市场调研实务》《市场调研方法与应用》等书籍。此外还需要掌握商务外语，如《服装生产跟单及英文实务》《服装英语与跟单理单实训》等书籍都是不错的选择，扎实学好英语，考取英语四六级，日常中参加英语演讲比赛等练习口语水平，这些对服装跟单员工作都会有很大的帮助。

服装跟单工作，看似简单，实则蕴藏着很多挑战；看似平凡，实则也蕴藏着独一无二的价值。学无止境，也无条条框框，学习专业知识和技能是实现目标的力量，掌握和具备其他技能是实现理想的翅膀。发现一项工作的价值，需要我们深入了解和学习；实现我们自身的价值，需要我们不懈努力和坚持。

服装质检员

在企业发展中，产品是企业存在的理由，生产出合格的产品是企业生存的根本，质量作为衡量产品价值的重要指标，已经被视为企业的生命。在服装企业中有这么一群人专门进行产品质量管控，他们就是服装质检员。服装质检员是执行产品检验标准，对服装的面辅料、生产工艺过程进行品质监管的专门人员，在服装企业隶属于品管部门。

近几年来，服装消费升级趋势明显，人们更受高端服装的吸引，对服装质量的要求越来越高，在注重时尚的同时也追求更高品质的服装。服装质检作为服装生产的重要环节之一，发挥着越来越重要的作用，服装质检员这一职业的重要性日益凸显。随着升级趋势的推进，这一岗位的需求会越来越多，从就业前景来看还是很可观的。

从职业特性来看，其实也不难看出，这项工作一定是需要足够的严谨和细致，服装生产的各项工序质量、产品的品质检验都离不开服装质检员，想要成为一名合格的服装质检员需要具备以下能力。

1. 严谨的工作态度

质检是把控产品品质的重要环节。服装质检员需要有一丝不苟、严谨的工作态度。此外，服装质检员还需要严格的执行质量检验评估标准和验收规范，每一步的工作都要做到有章可循。按章行使质量监督检查和处罚，履行工作中的权利和义务，严格对待服装生产的各项工序。

2. 扎实的专业技能

质检工作想要顺利开展工作，必须要有专业知识做基础，要有质量评定的能力，能够建立质量档案，定期向上级质量管理部门汇报情况。需要全面掌握各项工序，控制好服装生产制作的全过程，同时做好质量的资料记录，这些都需要扎实的专业技能功底。

3. 较强的监管能力

质检工作需要完成产品的相关检验工作，工作的过程不仅仅是检验，也是监督和控制。协助上级指导生产，抽查半成品；在负责产品质量管控工作时，还要严格控制瑕疵品。这些工作都需要进行监督和控制，服装质检员要有较强的监管能力，才能统筹质检的整个过程。

4. 解决问题的能力

质检的过程中，一旦出现质量问题，就需要及时跟进，进行协调处理，查找问题原因，及时上报情况。面对问题，服装质检员应该熟悉和掌握服装生产的各项工作，预估生产过程中可能出现的问题，面对服装成品或半成品出现的问题时，能快速找到解决问题的办法，做到冷静应对，沉着处理。

5. 责任心

服装质检员负责全部的质检工作，关系到企业服装生产的核心要害，工作的重要性及复杂性要求服装质检人员必须有强烈的责任心，才能做好每个环节的把关，确保产品质量，保证生产工作顺利进行。

徐世明曾说过："全世界没一个质量差，光靠价格便宜的产品能够长久地存活下来。"由此可以看出质检工作对于一件产品、一个企业的重要性。也许这项工作对于学艺术的我们来说并不那么浪漫，它是烦琐的、严谨的、细致的，是绝对的循规蹈矩，但也是绝对的至关重要。

服装质检员这个职业对专业知识和技能的考验要求较高，如果想成为一名优秀的服装质检员，要充分了解岗位职责，包括进货来料检验、各道生产程序的质量检查监督、服装成品的验收把关等，都需要我们做到得心应手。作为服装专业的学生，在平时的专业学习中可以多学多练，掌握服装面料和制作工艺流程，做到了如指掌。平时还可以涉猎《服装品质管理》《服装工业常用标准》等书籍，扩大知识面，增强岗位胜任能力。

优秀的工作，并不是用力量而是用耐心去完成的。服装质检员把关着服装生产的各个环节，用绝对的原则和绝对的严谨成就了高品质的服装，为产

品保驾护航，实现了产品的卓越品质和企业长期发展。

工作需要热情和行动，工作需要努力和勤奋，工作需要积极主动，工作需要严谨和认真，工作中的乐趣需要我们用心体会。一个小小的职业蕴含着很多工作之道。从这样的岗位出发，我们会收获更过，走得更远。现在，我们已经掌握了专业的主动权，相信，未来一定能够创造属于我们的专业奇迹。

服装采购员

面料是服装造型三大要素的重要组成部分，不仅可以诠释服装的风格和特性，而且直接左右着服装的色彩、造型的表现效果。在服装大世界里，服装的面料标新立异，五花八门。想要在众多的面辅料当中，设计研发或者挑选出符合顾客口味，商家满意的面料，需要专门精通面辅料的工作人员，他们被亲切地称为服装采购员。

巧妇难为无米之炊。面辅料是服装生产的基础，一个企业如果不能研发或者采购到符合商家预期的面料，就无法实施生产，因此，服装采购员是服装企业不可缺少的工种。由于服装采购员必须精通各类面辅料及其性能，优秀的服装采购员相当稀缺，成为各大服装企业相互争抢的对象。

服装采购员主要负责企业服装生产的面辅料采购工作，看似简单的工作其实蕴藏着繁复的工作内容。他们需要协助设计部做好面辅料开发工作；开发适合企业合作、品质良好、货期稳定的面辅料工厂；负责面辅料样品、大货等的议价、品质检验、货期跟踪等工作。其主要工程流程为：收集信息—询价比价—议价，评估—索样—请购—订购—协调沟通—催交—进货检收—整理付款。在这个过程中要填写并报送相关的单据，如请购单、采购单、采购暂收单、采购入库单、采购退出、采购异常退出等。

从其工作内容看，一个服装采购员要具备多方面的知识和能力，具体概括为以下几个方面。

1. 丰富的面辅料专业知识

这是服装采购员的基本要求，随着制造业技术的不断发展，市场上各种

面辅料丰富多彩。面料按照工艺可以分为针织面料和梭织面料；按照纹路分为斜纹、竖纹、平纹等；按照面料特性分为棉、麻、丝绸、呢绒、皮革、化纤、混纺等；根据服装用途分为日常服饰、防酸服、防火服、抗油拒水服、防静电服、阻燃服等。辅料包括里料、填料、衬垫料、缝纫线材料、扣紧材料、装饰材料、拉链、纽扣、花边衬布、嵌条等。此外，近年来为了满足人们的便利性、健康性、舒适性的需求，形态记忆、智能变色调温等新型面料不断涌现。

作为服装采购员，要深入了解各种面辅料的材质和性能特点，从万千种类中挑选出合适的服装面辅料，同时还要配合研发部进行新型面料的研发。

2. 深谙面辅料市场

服装采购员要深谙面辅料采购市场，了解服装市场和面料市场动态趋势，深知面料发展走向，并寻找足够的优质供应商供其选择，这样才能为企业寻得最好的面辅料。

3. 精通合同常识和面辅料质量体系标准

服装采购员在进行采购业务中，要与供应商签订采购合同，需要服装采购员熟悉合同规范和要求，确保合作过程出现问题时，能及时规避损失。另外，确保面辅料质量是非常重要的环节，在采购过程中往往要经历样料采购—客户确认（商家）—大货样品—客户确认（商家）—大货批量生产繁杂的过程。在这个过程中服装采购员要熟悉质量标准，包括材质、织法、用色、图案等各方面质量标准，满足客户要求。

4. 良好的协调沟通能力和商务谈判技巧

在工作中，服装采购员要和企业内部研发部、生产部、财务部等相关部门做好交流对接，才能保质保量完成采购计划，促使生产按期进行；对外要和客户沟通面辅料的规格、材质等问题，保证面辅料符合客户意图；对于供应商，要懂得议价、谈判技巧。因此，作为一个服装采购员，良好的协调沟通能力和商务谈判技巧是其必备能力。

5. 责任心和抗压能力

面辅料采购是个责任重大的工作，关系着企业产品质量。如果面辅料质量出现问题直接导致产品变为瑕疵品，严重影响企业效益；如果不能寻得符合客户预期的面辅料，就会影响企业与客户的长远合作。因此，服装采购员必须具有强烈的责任心和耐心把好质量关和规格关，有足够的抗压能力才能胜任这份工作。

一个小小的服装采购员，看似简单却极不平凡，如果你非常喜欢研究面料，不妨试一下这个工作岗位。当然，作为一个服装专业学生，想要更好地胜任这样一份工作，需要做出以下努力：多看服装面料的书籍，如《服装面料的性能与选择》《服装材料学》《服装舒适性》《纺织材料学》《面料与服装设计》《图案设计》等；多浏览一些服装面料的网站，了解前沿信息，掌握新面料的动态；多去服装市场上走走，分析当下服装成衣用料特点及技巧；多到面料市场逛逛，了解面料市场价格、品类等信息。

服装采购员是比较有发展前景的职业，向上可以晋升服装采购主管、服装采购经理或是服装生产经理、服装企业高管。只要你耐得住寂寞，一定可以得偿所愿。

所谓一回生，二回熟，三回过来当师傅。每一个技艺都是通过千锤百炼练成的，凡事保持一颗平静的心，安心做好一件事就是了不起的事。相信，只要功夫深，铁杵定能磨成针。

服装生产经理

作为一个服装生产企业，生产就是企业的命脉。确保生产高效有序地开展是一个企业的奋斗目标。而这一目标的实现除了企业各部门、各层级之间的配合外，最重要的职责部门就是企业生产部门。服装生产经理作为生产部门的第一负责人和直接领导者，肩负着重要的生产职责和使命。

曾经有这么一个故事：两马各拉一货车。一马走得快，一马慢吞吞。于是主人把后面的货全搬到前面。后面的马笑了："嘁！越努力越遭折磨！"谁知主人后来想：既然一匹马就能拉车，为什么养两匹？最后懒马被宰掉吃了。

这就是经济学中的懒马效应。服装生产经理作为服装企业的中流砥柱，待遇好，地位高，是很多从事生产的人梦寐以求的职位。但就像懒马效应所讲，这个职位并不像表面那么光鲜惬意，也不是随便一个人就可以胜任的，能坐在这个位置上的一定有过人之处。下面我们从其工作内容说起。

做一个服装生产经理的工作任务主要包括日常事务、生产计划、生产进度控制、质量监督等内容。其具体职责有：

（1）建立和完善生产指挥系统，制订生产计划，掌握生产进度，确保生产任务按时完成。

（2）统筹分配生产任务，做好各车间人力、物力协调配置，平衡调度设备材料。

（3）定期召开生产会议，分析生产形势及研讨生产问题。

（4）做好原材物料的采购计划和实物资料管控，做到账物相符、库存合理，制定严格进出口的审核和检验程序。

（5）负责对生产部门员工的考核管理、教育培训工作。

（6）制作月、季、年度报表，并及时向上级汇报。

从工作内容看，作为一个服装生产经理要具备多方面的能力。

1. 计划协调能力

服装生产经理要根据销售部的计划和制造单要求，按期完成产品生产。这需要服装生产经理合理制订生产计划，做好生产分配，协调各个车间的任务分工，保证生产高效协调进行。

2. 沟通能力

生产是企业的中心环节，作为生产部门的一把手，服装生产经理要和企业各部门及部门内部沟通交流。向上层汇报生产情况；与销售部沟通销售计划；与人事部沟通管理培训；与财务部沟通生产损耗费用；与车间主任沟通生产进度；与采购部门沟通物资储备；与品控部沟通货品质量等，这些都需要服装生产经理的沟通协调，才能保证生产有条不紊地开展。

3. 熟知生产流程

服装生产经理一般都有丰富的生产经验，熟悉生产的各个环节，包括原料采购、工艺制作流程、货品检验、包装整理等，这样才能在制订计划时有的放矢，才能及时做好人力、物力、财力的补充协调工作，保质保量完成生产计划。

4. 管理能力

服装生产经理坐在生产部的第一把交椅，统领着生产、技术、采购、品控等下属部门，管理着一个庞大的生产系统，需要制定严明的工作规范和纪律要求，做好各部门的监管工作，这需要很强的管理能力和领导力。

如果你对服装生产感兴趣，服装生产经理是一个不错的职业目标。当下，你需要学习一些服装企业的组织与资源、服装生产物料采购与管理、服装生产过程（裁剪、缝制、后整理、包装）的组织与管理、服装生产能力与生产计划编制与控制、工作研究与现场改善、服装品质管理与品质控制、服装生产成本管理等方面的知识；利用校企合作机会在服装企业进行一些生产方面的锻炼；利用寒暑假到服装企业在相关岗位进行兼职；同时，涉猎一些人力

资源管理方面的书籍；掌握一些人际交往的技巧。

成为服装生产经理不是一蹴而就的事情，需要我们从基层不断历练成长。我们能做的就是持续坚持，不懈努力。丘吉尔用他一生的成功经验告诉人们：成功根本没有什么秘诀可言，如果真是有的话，就是两个：第一个是坚持到底，永不放弃；第二个是当你想放弃的时候，回过头来看看第一个秘诀：坚持到底，永不放弃。

服装车间主任

不当家不知当家难。服装车间主任是服装企业生产线的主要管理者，是一个产品，一条线，一道工序的直接当家人。保证车间的各项工作有声有色地开展，当好这个家是每个服装车间主任的必修课。

服装车间主任在企业中起着承上启下的作用，是员工联系上级的纽带。有句话说得好："火车跑得快，全靠车头带"，服装车间主任管理水平的高低直接影响着车间的生产效率，乃至影响整个企业的经营状况。服装生产工艺复杂、工序繁多，作为服装车间的当家人不仅要有全面的服装生产知识，过硬的专业技术，强大的管理能力，还要做好以下方面的工作。

1. 均衡生产，调度有序

根据上级生产分配任务，结合车间生产实力，组织开展生产工作；指导生产工艺标准及流程，保质保量生产出符合客户需求的产品；协调各环节均衡有序同步生产，保证生产效率。

2. 产品质量，掌控有力

服装车间主任在接到生产任务单以后，要组织车间班组长根据工艺单的制作要求，分析样衣的工艺特点，研究制定样衣质量标准及工艺流程；安排相关人员制作产前样衣，把工艺技术问题解决在正式生产之前；在生产过程中，督促班组长及质检人员及时开展巡检和半成品抽检工作，确保质量问题解决在车位上，成品之前，来降低成品返工率，保证产品质量。

3. 原辅材料，供应及时

服装车间主任要及时追踪产品的原辅材料，确保原材料供应及时；安排

各组长组织做好生产设备配置，人员调配，工具搭配等产前准备工作；备齐生产前的各类必备用品，确保每款产品上线，临阵不乱，井井有条。

4. 设备完好，运转正常

督促相关人员定期做好机台设备的检修、调整、维护和保养，要求各组员工每天上班清洁机台，检查自用设备是否完好，发现异常及时通知维修人员，以保机台运作正常。

5. 文明生产，堆放整齐

服装车间主任要督促相关人员做好生产现场的卫生整理工作。要做到：裁片不落地，衣筐不乱放；衣角不掉地，成品不乱堆；散线不乱抛，断针不乱丢；补片一换一，辅料次换优；食物不进车间，杂物不放衣筐；机台保持清洁，场地整洁卫生。

6. 安全第一，消除隐患

做好防火、防盗等安全工作。加强安全生产消防等方面的宣传；严禁一切易燃品及火种进入生产车间，车间内杜绝吸烟；下班前督促有关人员做好车间安全检查工作；下班时督促做到人走灯灭、电停、关门窗；督促每位员工养成人离机关的好习惯。

7. 纪律严明，考核严格

严格执行企业各项规章制度，严守管理制度，对违反管理制度的人员，按有关条款予以处罚；督促每位员工准时上下班，做好车间有关人员的考勤工作；考勤做到公正、公平，以理服人。

8. 原始记录，齐全明了

服装车间主任要做好日常事务、人事等记录工作。对每单货的投产日期及结束日期、生产员工等做好详细记录；督促班组长保存好生产资料，每天及时汇总《生产日报表》《质检记录》及各项报告，按时向上级汇报。

从其工作内容可以看出，服装车间主任工作繁杂，涉及基础生产的方方面面，因此，一个合格的服装车间主任应具备以下能力。

1. 工作计划能力

工作要有计划性。服装车间主任要根据上级下达的生产计划和任务，层层分解，落实到人。通过指标计划将各班组的生产任务、质量要求、工艺标准及员工操作规程、定额标准逐一列出，召开班组会议保证班组上下人人做到心中有数，知道做什么，怎么做，工作有奔头，有目标。

2. 较强的组织协调能力

生产的流程安排需要有一定的生产经验，没有组织能力车间就会是一盘散沙，造成分工不匀，生产效率低下的现象。因此，服装车间主任必须懂得生产流程，能够组织协调车间各班组员工，安排好生产秩序。

3. 良好的沟通能力

作为一个生产指挥者，要能够与员工和谐相处，调动员工工作的积极性；作为一个企业下属，要及时和上级做好沟通，让上级及时掌握车间的生产情况，以便于安排下一步的生产计划。在企业中只有团队协作才能使生产顺利进行，企业才会不断壮大。

4. 讲究工作方法

方法用对，事半功倍。一个合格的服装车间主任，工作中要善于掌握方式方法，讲求实效，避免出现只说不干，人浮于事的现象。遇事要带头做，讲民主；批评要讲方法；为人要讲原则；选人要尽其能。

5. 管控生产成本

管理一个车间，就是一个大家庭，小则几十号人，大则上百号人，作为车间里的一家之长。服装车间主任既要管理好家庭的“柴、米、油、盐”等成本性支出，又要提高生产效率，增加“家庭成员”的劳动收入。适当的成本管理不仅可以为企业节约生产成本，避免造成资源浪费，还可以为员工争取福利。

6. 善于培养员工

服装车间主任要培养锻炼车间员工的多方面工作能力，一是防止职业倦怠，激发员工工作激情；二是便于工作需要及时调整人力分配，保证工作效率。同时，一个优秀的服装车间主任，应该是一个优秀的老师，把自己的技能毫无保留地传授给员工，这样才能取得员工信任和敬仰，誓死追随。

服装车间主任是做管理中最难做的“官”。对下要每天跟进生产细节；对上要向经理汇报工作，要迎合下属又要让上级满意。但是只有经过这个岗位的磨炼，才有可能向上攀升做经理、做高管。

要想在服装生产方面发展的同学可以尝试一下这个职位。在取得这个职位之前要多看一些《生产主管职业化教程训练》《安全生产监管实务》《员工敬业精神》《车间主任管理技能训练教程》等方面的书籍，从服装生产的基层实践锻炼，提高工艺技能，掌握工艺流程，学会数据分析，培养自己强大的组织管理和沟通领导能力。

曾经有这么一则故事，工人有可能会抱怨："活儿是我们干的，受到表扬的却是组长，最后的成果又都变成主任和经理的了，不公平。"朋友微笑说："看看你的手表，是不是先看时针，再看分针，可是运转最多的秒针你却看都不看一眼。"

这个故事告诉我们，感到不公平就要付出努力做"时针"，光抱怨不行动是没有用的。服装车间主任是"时针"很好的试金石，现在向着这个"时针"出发吧！

第三章　销售篇

一言一行斗群雄

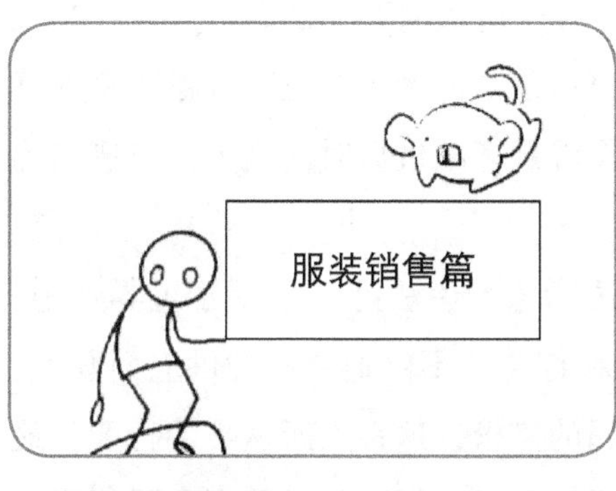

销售类职业有服装陈列师、时尚买手、服装终端培训师、区域主管、销售经理、服装导购……

嗯嗯。

时尚买手

提到时尚买手，你会想到什么？是穿梭于各大时装周的名流人士？是天天跟帅哥名流，美女模特勾搭的人生赢家？是拿艺术当饭吃，各路明星的好朋友，时尚杂志的座上客？还是每天工作就是环游世界时尚之都，以逛街为工作的“游乐员”？

那么，到底什么是时尚买手？按照国际通行说法是：“往返于世界各地，常常关注各种信息，掌握大批量的信息和订单，不停地和各种供应商联系，并且组织一些货源，满足各种消费者不同的需求，这种人所从事的行业，最终创造出惊人的市场价值。时尚买手必须站在时尚潮流的最前端，了解行业规范，有货品辨别能力，在适当的时机敏锐出手，以低廉的价格购买他们认为适合的商品，加价出售，赚取一定利润。这是时尚买手必须具备的基本素质。”

时尚买手制度在国外衣帽行业发展较为成熟，已经形成了比较完善的时尚买手运营模式。在中国，时尚买手制度也在逐渐兴起。国内时尚买手主要分为两大类型：一种采购类时尚买手，这类买手可以是大型服装品牌企业的采购负责人，也可以是某个独立店面的店主。另一种是卖家型时尚买手，该类型是买卖双方的桥梁，掌握大量买卖双方的信息，并为其有效匹配，它又分为时尚买手公司和个人时尚买手两种。

作为一个时尚买手，主要的工作任务是什么？

（1）通过各种途径了解时尚潮流并预测新一年、季度的流行趋势，选择合适的供货商洽谈货品价格及质量把控。

（2）制订商品计划，为设计部提供新一季度设计方向与商品需求表。

（3）与销售部、财务部共同制定销售预算及货品采购预算。

（4）制定货品零售价格及促销折扣，控制利润空间及保证库存适当。

（5）掌握竞争对手市场动态，不断调整方案以提升本品牌货品的市场竞争力。

（6）跟踪每周、月、季度销售数据并对数据进行统计分析。

（7）参加各类订货会、展销会，为新一季度采购商品样品并适当订货。

普通时尚买手是时尚的追随者，顶级时尚买手是时尚的引领者。为了更好地完成工作任务，一个优秀的时尚买手必须要有以下必备能力。

1. 市场快速反应能力

市场环境千变万化，快时尚进一步加剧了行业的变化速度，时尚买手能够不断适应市场的快速变化，永远走在时尚潮流的前沿，对时尚有超强的敏感度，对市场做出快速反应。

2. 数据分析能力

时尚买手的工作不是和服装打交道，而是和一堆堆数字打交道，一个合格的时尚买手必须对销售数据进行及时跟踪和分析，为下一季度做出采购预判。

3. 良好的沟通协调能力

时尚买手涉及的相关部门较多，包括财务部、设计部、生产部、销售部、供应商等多个部门，所以需要很好的沟通、协调与谈判能力。

4. 很好的体力及适应各地出差的能力

时尚买手通常出差比较频繁，要全国各地甚至满世界跑，要经常去看店面、看工厂、看展会。此外，还要亲自做市场调研，掌握市场供应商情况、竞争对手、消费者需求、货品销售等的第一手资料。著名时尚买手 Echo 说："买手这个看起来风光的职业背后，如何落实到日常工作，以及肩负的责任，有这个意识的人比较少。在每次出发采买之前，买手们必须计算出分配到每个品牌的采购预算，然后从上一季度的销售数据分析中，确定畅销的款式、尺寸、颜色。除了已有的合作品牌，时尚买手还要不断拓展新的品牌，做市场调查，关注新冒尖的设计师。"

从以上可以看出：一个优秀的时尚买手，要具备积极的行动力、市场的敏锐洞察力、提案计划能力、信息收集分析及预测能力及良好的沟通能力。作为一个服装专业的学生，如果你想从事这么一个时尚光鲜的职业，那具体应该怎么做呢？

（1）学习时尚买手的相关专业课程。例如：《时装买手实用手册》《如何成为服装买手》《服装买手务实》《时尚零售》《国际时尚买手》《资深买手宝典手册》《如何开家设计师品牌买手店》《服装买手实务教程》。

（2）掌握更多的时尚流行知识，首先就要阅览大量的时尚杂志，研究各种不同流行背景、不同国家、不同时间段的趋势潮流。让自己对市场的发展情况了如指掌，清楚所有的服装零售行业，做到胸有成竹。

（3）参加时尚买手类的相关培训课程，并通过努力获取该行业的相关资格证书。

（4）在实践中增长本领。抓住一切机会，要像猎物捕食般不放过一切时尚领域的就业机会，利用周边资源选择在服装零售商、商品百货公司或者自创品牌运营商那里申请一个实习岗位，进一步的提升能力，积累丰富的经验。

尼古拉斯·老汪曾说："除掉睡眠，人的一辈子只有一万多天。人与人的不同在于：你是真的活了一万多天，还是仅仅生活了一天，却重复了一万多次。"如果你具备时尚买手的潜质，或者你非常喜欢这个熠熠闪光的工作，那么，请大胆地迈出第一步，让你的每天都精彩，去做一个时尚的先锋者。

服装陈列师

当我们逛街购物时，常会被橱窗模特或卖场内的挂装搭配所吸引、驻足、观看，从而引发进店试穿和购买的想法，这就是服装陈列的魅力。服装陈列是一种视觉营销，它就像卖场的磁石，通过视觉感官刺激让顾客感觉“原来这件衣服穿在身上是这样的”或者“其实我也可以这么穿”，来激发顾客对产品的喜好和购买欲望。因此，陈列被称为卖场无声的“导购员”。

随着企业品牌战略竞争日趋白热化，很多企业已经意识到服装陈列的重要性，陈列作为一种新兴的稀缺性高薪职业，受到很多年轻人的青睐。

服装陈列师是在面向顾客的固定营销场所，通过服装产品和背景空间的布置，力图体现一系列相关时尚产品的互相关系、内在含义、价值定位、品牌文化以及销售战略等方面，通过视觉传达将品牌定义视觉的新高度。服装陈列师在时尚界被亲切地喻为“卖场魔术师”。服装陈列师通过对服装布局、色彩、灯光、POP 宣传画、橱窗、模特、背景音乐等进行整体规划，让服装在道具、辅助商品、装饰品及灯光的衬托下闪亮登场，使呆板的货品立刻变得生动和鲜活，创造品牌卖场独特的购物氛围。服装陈列的目的是提升品牌的整体形象和价值，促使销量的最大化。

作为商品终端展示表现的“导演”，服装陈列师是将产品和消费者寻求共融的桥梁。下面看一下服装陈列师的具体岗位职责：

（1）理解企业品牌理念，把握店面整体形象，根据时尚流行趋势提出陈列设计方案，并跟进执行。

（2）指导每季新品上市，编写陈列手册，制定新品说明书、店铺陈列搭

配方案和效果图，并进行卖场陈列的指导、培训及跟进推广。

（3）进行陈列物料收集，有计划地进行季节、节日及促销陈列等主题创意陈列设计。

（4）店铺日常形象指导和维护，确保品牌店铺形象及陈列的统一性，负责品牌终端形象维护管理、陈列巡场与培训工作。

（5）进行新开店铺的陈列现场指导、培训及效果跟进。

（6）负责订货会、展销会等的会场陈列布置，确保陈列效果。

从服装陈列师的岗位职责，我们可以看出服装陈列师扮演着两种角色：面对商品，他是一个资深的艺术家，用其精心设计创作的作品感染顾客；面对企业，他是一个顶级商人，利用流行趋势、消费心理等成功把商品推销出去，实现企业利益的最大化。因此，服装陈列师的职业信念是：“服从商业需要，兼顾艺术创意。”

ZARA 著名陈列师 Florence Hugony 在接受采访中谈道：橱窗陈列要讲故事。“橱窗设计最好要有一个故事在里面，比如运动品牌的春装时节，可以设计一个郊游的场景，或者野餐的故事。很多时尚的品牌几周就换一次橱窗，那么橱窗里的故事可以有一些连续。这些故事可以从流行趋势或者品牌故事中获得，比如 LV 的橱窗陈列，就可以将其主要产品箱包的制作方法作为一个故事。橱窗里有故事，这对橱窗是最大的礼赞，有故事、有场景情节的橱窗具象地创造了观者的想象空间。”在谈及 ZARA 与 H&M 的陈列不同之处时，Florence Hugony 说：“ZARA 与 H&M 属于相近类型的两个品牌，它们的不同就在于 ZARA 的陈列总是显得很奢侈，但它的产品其实非常便宜，而 H&M 的陈列方式是看似随意却很时尚，虽然两个品牌的产品接近，但是陈列风格完全不同。”

由此，我们可以看出：陈列是服装陈列师独一无二的艺术创作作品，服装陈列师主宰着一个企业品牌的外在形象。

服装陈列师是一个门槛不高，但却要求极高的职业，若要成为一名优秀的服装陈列师，要深谙企业品牌文化和理念，有全面系统的陈列技能，有足够的创意和审美，能对市场及消费群体需求进行整体把握，实现既符合品牌特色又充分展现商品美感的陈列设计。

当然，以下书籍对成为一名优秀的服装陈列师也是大有裨益的。《橱窗陈列》《服装陈列》《卖场陈列》《色彩搭配》《陈列技巧》等专业书籍，另外要紧跟时尚前沿，涉猎《服饰美学与搭配艺术》《穿搭技巧》等扩展自己的视野。

“有知识的人不实践，等于一只蜜蜂不酿蜜。”实践是你实现职业目标的重要保障，多参加一些服装陈列类的培训，在企业岗位进行实习锻炼，参加服装搭配类的赛事，促成理论知识转化为具体的经验。哪有什么天才，只有经验会说话。

罗斯福曾说：“当时间的主人，命运的主宰，灵魂的舵手。”只要你热爱服装陈列师这个职业，从现在做好规划，去无穷的知识海洋中吸取营养，滋养你快速茁壮成长，做自己命运的主人。请大声对自己说：我能行！

服装导购

随着电视剧《三十而已》的热播，柜姐这个职业也逐渐被大众吸引，由江疏影饰演的王漫妮就是一个奢侈品牌的柜姐。柜姐其实就是我们所说的服装导购。今天，和大家一起探讨一下服装导购这个职业。服装导购是为顾客做引导，介绍产品，服务于消费者的一个服务性群体，一般就职于服装专卖店或各大服装卖场。

当前，服装企业岗位需求人数最多的就是服装导购，只要有商场、专卖店的地方就有导购的身影，很多大学生在周末、寒暑假都会在服装卖场进行服装导购兼职，这也是他们兼职最容易得到的一个岗位，其需求量不言而喻。但是在大多数学生毕业求职时，是很瞧不起这个职业的，因为在他们看来，这个职业是什么人都可干，无任何技术含量的工作。下面我们来分析一下这个职业究竟是什么样的？

谁赢得终端，谁就能赢得顾客。在终端只剩下三个载体：商品、形象和人，商品已经造就，那就是一件件服装；形象已经固化，那就是店面布置；唯独人是可变的，他们的言行举止代表着品牌形象，他们个人的导购技能决定着品牌终端的销量。因此，导购是品牌冲刺的“最后一公里”。

服装导购代表企业与顾客进行面对面对话、沟通和交流，关系着企业的生死存亡。那么，一名优秀服装导购要做好以下方面：

（1）通过与顾客交流，宣传企业形象和品牌价值，提高品牌知名度。

（2）做好卖场陈列及维护工作，保持货品摆放整齐、有序。

（3）帮助顾客解答产品疑问，了解顾客喜好，帮助他们选择合适的产品。

（4）利用各种销售技巧，增强顾客购买欲望，提高产品的购买转化率。

（5）收集顾客意见及建议，及时处理顾客投诉，做好服务工作。

（6）收集竞争对手的产品价格和市场活动等信息，并向店长汇报。

（7）及时跟踪产品销售、库存、补货情况，完成日、周、月报表等工作。

服装导购扮演着企业形象代表、信息传播员、顾客着装顾问、服务大使等多种角色，他们是企业和消费者沟通的桥梁和纽带。因此，服装导购要以热情的行动引领顾客需求；以产品自信心赢得顾客的认可；以包容的心态对待顾客的情绪；以服务意识立好企业形象。

下面分享一个“成就 1 ∶ 3 的销售量”的小故事：

王小姐来到一家服装店，告诉服装导购她需要买一件 T 恤，于是导购根据王小姐的着装特点、体型和肤色不仅为其挑选了一件 T 恤，还递来了一条白色塔裙和一双黑色罗马鞋。服装导购告诉王小姐，今年流行塔裙和罗马鞋，如果用这两件配搭 T 恤，会让平实随意的 T 恤显得靓丽脱俗，人也活泼可爱了许多，如果她家里有类似的裙子和鞋子可以用来搭配。王小姐欣然接过这套衣服走进了试衣间……结果，原本购买一件 T 恤的顾客，最后购买了三件衣服。

由故事我们看出，导购在获知王小姐的消费意向后，没有依据对方的目标消费需求推荐，而是站在衣橱顾问的高度，成套向顾客推荐，结果构成了 1 ∶ 3 的销售量，不仅提高了连单率，也让顾客更信任自己，信任品牌。成就 1 ∶ 3 的销售量看似简单，其背后隐藏着一套专业的配搭技巧和销售话术，使用了一个销售的小技巧：一定要让进店的顾客成套试穿衣服。

服装导购一个看似微不足道的职位，却隐藏着很大的智慧和力量，在这个岗位可以学到与人沟通的技巧，可以了解形形色色人的消费心理及爱好，可以学到卖场陈列、管理的技能，可以真正地了解市场。这些都是你工作成长的宝贵经验，是你职业晋升的奠基石。

说到这里，你应该理解为什么毕业后无论是什么学历都要进入店铺一线锻炼了吧。经过这个岗位的历练，你可以晋升服装店长、区域主管、销售经理，也可以根据自己的擅长成为服装陈列师、时尚买手。因此，这个职业晋升空间宽阔，发展前景大好。

作为服装专业的学生，要想在销售行业站稳脚跟，建议学习《服装材料学》《服市场营销》《服装消费心理学》《服装展示与陈列》《客户关系管理》《沟通技巧》《推销事务》等书籍；多参加服装导购培训课程；掌握基本的办公软件；在不同的品牌卖场进行兼职锻炼，扩充自己的实践经验，为将来走进服装销售领域做准备。

推销的不是商品，而是推销你自己。如果你的志向在销售领域，那么，请你从这个职业做起。推销是从被别人拒绝开始的，推销是一个艰辛的历程，你可能会经历无数次拒绝，无数次的恶语相向，无数次的心灰意冷；推销又是一个了不起的经历，你需要内心足够强大才能支撑你跨过山河大海，越过艰难险阻，但最终你会因为这些成就自己，涅槃重生。

服装店长

服装店长，是一个品牌门店的管理者。一个服装店长的工作能力及领导能力，直接影响整个门店的销售业绩和员工的整体风貌，他是品牌门店的灵魂，赋予门店无尽的生命力和活力，被人们形象地誉为门店的“左心脏”。

在全球化的今天，服装行业无数国际知名品牌俯拾皆是，无数本土品牌正在崛起。为了实现利润最大化，服装企业如雪花般铺天盖地，从一线城市到二、三线城市，再到城市的边缘，可谓是无孔不入，遍布在大街小巷。哪里有门店，哪里就有店长，可见服装行业对服装店长的需求只增不减，对于优秀店长的需求更是求贤若渴。

谈及服装店长的角色，有人说服装店长是一个家长，服装门店就是他的家，他要事无巨细地考虑人员、货品、卫生、陈列等方方面面，为这个家的所有问题操心，任何一个小的问题都会影响这个家的正常运转。有人说服装店长是一个导演，门店就是他的舞台，店内的硬件设施就是布景和道具，四季货品不断更新交替构成了故事的素材，服装店长要把这些素材编成一个个吸引人的故事，讲给来访的顾客听。故事讲得如何，顾客喜不喜欢，全靠服装店长的组织、策划和带入。

无论是家长也好，导演也罢。服装店长在门店的地位是不言而喻的，他是一个门店的风向标，像灯塔一样指引着店员们朝着胜利的方向前行。一个服装店长具体要负责那些事务呢？

（1）执行总部下达的商品价格变动、销售计划、促销计划等活动。

（2）监督商品的上下货、补货，做好进货验收、货品陈列和服务管理等有关事务。

（3）及时把握门店的销售动态，向总部建议新商品的引进和滞销品的淘汰。

（4）掌握门店商品损耗管理，把握商品损耗尺度，做好各种店铺陈列道具、宣传设备的维护保养。

（5）监督和审查门店会计、收银和报表制作、账务管理等工作。

（6）宣传企业规章制度，对员工销售、陈列技能进行教育培训。

（7）妥善处理顾客投诉和服务工作中出现的各种矛盾，做好顾客服务工作。

（8）负责对员工考勤，监督员工仪容仪表和服务规范执行情况。

（9）对员工人事考核、晋升、降级及调动给予建议。

（10）监督门店清洁卫生，做好保卫、防火等安全管理工作。

（11）做好与门店周边社区的协调工作。

服装店长是企业产品的代言人，是企业政策的执行者。例外服饰“金牌店长”胡英杰之所以从一个服装导购迅速升为服装店长，是因为她热情招待每一位来店顾客，不会因顾客身份而轻视别人；善于为顾客诠释每件服装的特别之处，促使交易达成；善于维护 VIP 顾客关系，发掘他们的购买潜力；注重店员陈列技能培养，充分展示店面品牌风格。在她眼里，服装店长的角色很复杂，既是家长、教师，也是多方利益的协调者。

相信大家对服装店长工作内容有了更深的理解，那么，一名优秀的服装店长要扮演好哪些角色呢？

1. 制度的执行者

无规矩不成方圆，店长要管好一个门店必须按规矩办事，只有这样才能保证店铺管理、销售、运营平稳顺畅。

2. 业绩的创造者

一个服装店长决定着店面的整体形象，服装店长要树立金牌卖手的标杆形象，通过传授销售经验、沟通技巧、教育培训等增强员工销售实力，打造销售团队精英，提升销售业绩。

3. 矛盾的协调者

在终端门店，每天都会面对来来往往不同的顾客，千人千面，有的温柔随和，有的尖钻刁难，经常会遇到顾客的不满、指责和投诉，这对服装店长的矛盾问题处理能力是一个很大的考验。

4. 利益的平衡者

上对老板，下至店员，外对顾客，内有供应商，面对错综复杂的利益关系，服装店长要客观反映问题，处事公正，学会平衡，分清主次，抓住重点，维护店铺的声誉、利益与稳定。

5. 正能量的传播者

所谓门店的正能量，就是教育全体员工尊崇诚实守信的职业道德，塑造员工积极进取、团结互助的精神风貌，打造员工品质卓越的服务理念。

现实生活中，大部分服装店长都是从服装导购开始的。俗话说："不想当店长的导购不是好导购，带不出好导购的店长不是好店长。" 作为一名服装专业的学生，如果你想从事服装销售的行业，想成为一店之长或者想继续在销售岗位上晋升的话，就要从现在做起，除了学习前面服装导购章节的相关课程外，还要学习店铺管理、团队管理、财务管理等相关知识。"纸上得来终觉浅，绝知此事要躬行"，从基层工作开始，参加实践锻炼，积累经验，历练成长。

通往荣耀之路，往往布满荆棘。只要你想在销售领域闯出一番事业，就要披荆斩棘，克服万难，一路向前。

区域主管

提起区域主管这个职位，很多人会和销售经理、大区经理、销售总监傻傻分不清。下面，我们来理清一下它们之间的关系。

每个服装企业都设有销售部门，销售部门的岗位设置从低到高依次为：导购—店长—区域主管（大区经理）—销售经理—销售总监。销售总监是销售部门的最高领导者，销售经理是主管销售的部门经理，像品牌服装企业的业务往往覆盖全国范围甚至国外，每个地区市场环境各异，销售经理不可能顾及每个市场，因此需要划分很多区域，例如：华北大区，华南大区等，或者更细的省份区域，这些掌管某个大区的负责人就是区域主管，也称为大区经理。

相信，大家对区域主管有了清晰的定位，区域主管在企业中扮演着重要的角色，起着上传下达的作用，上对销售经理，下对片区的门店负责，是企业正常运转的坚实脊柱。

那么，作为一名区域主管，具体职责有哪些呢？

（1）根据年度销售方案，制订管辖片区直营店、代理商的年度销售分配计划，并监督落实执行。

（2）不定期到管辖片区专卖店、代理店巡访，做好各项工作指导，改进店铺的经营管理水平。

（3）定期对终端的业绩、空间、库存、系统进行评估，及时与相关部门沟通处理相关问题。

（4）与各直营店长、代理商协调配合工作，积极参与所在片区的新闻炒作、广告宣传及促销活动，并能做出快速反应。

（5）收集、整理区域内的产品信息、市场信息及竞争对手的动态。

（6）抓培训工作，与培训师共同做好代理商、店长、导购的培训工作，提高他们的工作技能。

（7）及时向上级汇报周、月、季度工作总结并提出下一步行动计划。

（8）做好区域客户关系的维护，对于管辖区域的空白市场进行拓展。

一个成功的区域主管，之所以成功，其关键在于主管1%的权利行使和99%的人格行为魅力。要想一个下属能心悦诚服地努力工作，不是因为上级手中有权，权是无法说服一个人的，即便是服了，也只是口服心不服；而关键是区域主管要有好的领导行为，风清气正的人格魅力，能够给下属带来信心和力量，使下属心甘情愿，义无反顾地向前进。那么，区域主管必备领导能力是什么？

1. 管理能力

管理能力和专业能力是相互影响、相互制约的。一个职位需要的专业越多，需要的管理能力就越少，反之，一个职位越高，管理能力要求就越高。管理能力涉及范围较广，从基本的任务分配能力、专业能力到高难的指挥能力、控制能力都是管理能力的组成部分，一个好的区域主管必须具备强大的管理能力。

2. 沟通能力

松下幸之助曾说："企业管理过去是沟通，现在是沟通，未来还是沟通，管理离不开沟通，沟通已渗透于管理的各个方面。正如人体内的血液循环一样，如果没有沟通的话，企业就会趋于死亡。"作为企业的纽带，区域主管向上级汇报工作需要沟通；与各部门之间传递信息、协调配合需要沟通；了解片区员工的工作问题、思想动态、生活状况也需要沟通。一个企业良好运转的关键是整体协调统一，这只有沟通才能实现。

3. 问题分析判断能力

有这样一句话："世界上每100家破产倒闭的大企业中，85%是因为企业管理者的决策不慎造成的。"作为一个区域主管，面对工作中的大小事务及问题，对于该做什么，如何做，由谁做必须有一个清晰的决断，能把一个

复杂问题经过梳理后变得简单化、规律化，从而轻松、顺畅、专业地解决问题。

4. 团队培养能力

在《逆领导思考》一书中，作者罗伯特·凯利说："说到追随与领导，大多数组织的成功，管理者的贡献平均不超过两成，任何组织和企业的成功，都是靠团队而不是靠个人。" 作为一个片区的管理者，要学会选人用人培养人。终端工作繁杂，只靠一个人的力量是不行的，需要建立一支强大的团队。一只羊领导的一群狮子能够轻易地去打败一只狮子领导的一群绵羊，作为主管的重要职责就是要将下属训练成狮子，而不需要将自己变成狮子。

区域主管是一个有丰富的实践工作经验的职位，大多数区域主管都有过导购、店长的经历，只有经过基层岗位锻炼，才能胜任这个职位。如果你想成为服装界的一区之首，企业的中流砥柱，拥有一份可观的收入，请从以下方面做起：掌握扎实的服装专业知识；学习终端销售的技巧；培养店铺管理和团队管理的能力；积累足够多的实战经验；外加遇事能够镇定自若，运筹帷幄，内心坚定，从容不迫。

记住："没有一个珍珠的闪光，是靠别人涂抹上去的"，想要实现人生目标宁愿跌宕起伏，也不要平庸无为。

销售经理

销售经理是企业销售部门的管理者，其上要对销售总监尽职，其下要对区域主管负责，是销售部门的主心骨。如果把销售部门比作一个军队，那么，销售经理就是指挥作战的将军，他把握着企业的命脉，关系着企业的生死存亡。可见，销售经理的岗位至关重要。

销售经理不是一个普通人可以胜任的岗位，一般要有多年的销售管理经验，精通市场营销、企业管理等广泛的知识面，还要有强大的领导管理能力。所谓“千军易得，良将难求”，当前大多数服装企业普遍缺乏像销售经理这样的岗位人才，各大服装企业各放大招，挖空心思地吸引这方面的人才为他们所用。

销售经理的工作内容主要如下：

（1）根据企业发展战略，制订品牌发展和营销战略规划。

（2）制定企业市场发展战略与拓展目标。

（3）负责全国市场整合，根据市场现状制订产品销售计划、营销策略及促销方案，并及时跟进与反馈。

（4）宣传贯彻企业的市场政策、管理办法，并做好督促落实工作。

（5）与商场建立良好的合作关系，提升企业形象并解决相关业务问题。

因为工作的需要，一个优秀的销售经理需要具备以下能力。

1. 战略组织能力

销售经理的战略组织能力主要体现在以下方面：能够建立企业的营销战略，制订企业近期、中长期的营销战略计划；能够带动整个销售部门组织实

施企业的决策；根据企业营销战略制订年度工作计划和年度预算方案；对企业营销全局进行整体把关，并确保计划的执行。

2. 市场反应能力

作为一个销售经理，要以市场为导向，广泛搜集竞争对手的资料和动态，了解顾客的需求，把握流行趋势，进行前瞻性的预判，能够针对市场变化快速反应，及时调整营销策略。

3. 关系协调能力

销售经理要经常和上级、客户、部门、下属打交道，每个人所处位置不同，在工作中经常会遇到分歧，所谓行走江湖必须要有必杀技，销售经理要以价值目标为导向，多协商，多沟通，寻求各方利益的最大化。

4. 团队管理能力

销售经理要有很强的团队管理能力，要制定销售制度、销售流程等系统化的管理规范，实现企业销售目标；建立销售团队培训、激励、考核制度，完善团队建设，确保团队各司其职，各尽其责，高效协作完成销售任务。

大雁南飞时，一般由那些具有经验的能够辨认方向的体力较强的大雁引领，后面的鸟依次紧跟前面这只鸟的一侧翅膀之后，根据流体动力学原理，后面的鸟可以借助头鸟带动的气流获得大气的升力，从而减小体力消耗。销售管理就是这个领头雁，他围绕企业销售制订战略计划，加强销售团队建设，洞悉市场变化，为企业发展指明方向，使企业以最小的投入换来最大的经济效益。

销售经理这个岗位属于真正的“白领”阶层，如果你想在服装企业得到足够的重用和地位，如果你善于管理和统筹规划，这个岗位是一个很不错的选择。

作为服装专业的学生，我们的优势就是已经具备基本的专业知识，那么再多学一些营销策划、企业管理方面的书籍；多参加一些兼职锻炼；多参加一些课程培训，相信，你会走得更远。

美丽的蓝图，落在懒人手里，也不过是一页废纸。有了目标就要全力以赴，千万不要口号震天响，行动轻飘飘，请给自己一个承诺，去努力兑现，不要让自己瞧不起自己。

服装终端培训师

一个企业家说过这样一句话："你可以搬走我的机器，烧毁我的厂房，但你要留下我的员工，我就可以有再生的机会。"可见，人是企业得以发展和生存的关键资源。如何最大限度地挖掘员工地潜力，提升员工的工作技能，增强员工的责任感和归属感，培训就是关键一环。

近年来，随着竞争的加剧，企业已经意识到培训的重要性，培训成为企业人才迅速成长的重要手段，成为企业一项经常性的事务活动。目前，企业主要有两种培训类型：一种是新入职员工的培训，这种培训一般由人力资源部负责，对新入员工进行企业介绍、品牌文化、规章制度及相关工作岗位的技能培训；另一种是服装终端销售培训，它主要针对卖场、专卖店的销售、陈列人员，这种一般由企业的销售部门负责，由销售培训团队对零售终端人员进行，培训内容主要包括货品信息、货品陈列、色彩搭配、销售技巧、客户关系维护、着装礼仪等方面。下面，我们谈一谈服装终端培训师这个职业。

有人说："企业员工的态度，正是管理层的能力与结构的一面镜子。员工的工作是否有成效，在很大程度上取决于他被管理的方式。"通过培训，一方面员工可以学习更多的工作技能，提高工作效率，获得成就感；另一方面可以促进企业管理层与员工的双向沟通，调动员工的工作积极性，增强企业向心力和凝聚力。培训可以实现双方利益的最大化。

作为服装销售终端培训师，主要工作内容有：

（1）制订终端人员培训计划，及时研发制作更新产品基础知识、服饰搭

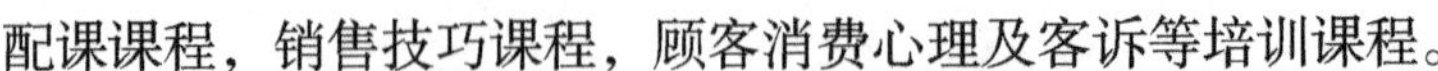

配课课程，销售技巧课程，顾客消费心理及客诉等培训课程。

（2）执行培训计划及课程，实地跟进考察，确保一线员工具备相应工作能力。

（3）定期巡店并及时沟通反馈巡店过程中所发现的各类问题。

（4）定期沟通，根据培训反馈情况，调整相应的培训工作，以确保能够达到企业的各项标准。

（5）定期与上级管理部门进行沟通，汇报培训情况及撰写培训工作报告。

（6）整理各项培训资料、归档及统计相关数据，维护和更新培训档案系统。

从服装终端培训师的具体工作内容我们可以看出，一个好的服装终端培训师需要具备以下能力：

1. 丰富的专业知识

所谓“台上一分钟，台下十年功”，作为服装终端培训师，自己要有一桶水，才能给学员一碗水，服装终端培训师的水桶要不断地续水，要紧跟市场需求和变化，及时更新培训内容，要有扎实的专业功底，有足够强的学习能力和应变能力，才能在培训场上赢得别人信服，让培训发挥实效。

2. 演绎表达能力

许多人满腹经纶却苦于无法表达，因而不适合从事培训职业。表达和演绎的能力，是指能够用合适的方式把培训的内容传授给学员，并让学员领会贯通。说话要底气十足，字正腔圆，给人以积极向上的力量，营造良好的现场氛围，并要有传授知识的技巧，以最佳的方式传递给学员。

3. 要有亲和力

很多人开玩笑说培训一定要形象好，让学员看着顺眼，不能长得对不起观众。其实服装终端培训师最能影响别人的地方不是其外在形象，而是这个服装终端培训师是否有亲和力，亲和力是一种无形的魔力，会拉近人与人之间的距离，这样双方才能更好地交流学习。

4. 解答问题及辅导能力

培训是一个双向的过程，纯粹单方面的满堂灌不是职业培训的要求。因此要求服装终端培训师要引导学员主动提出问题，并给予专业的解答，对专业技能进行培训，还要注重辅导和技能体验。

5. 学员中心理念

师者传道授业解惑也，服装终端培训师要树立以学员为中心的服务理念。培训就是以学员为中心的服务过程。一个从事多年 ATD 的培训大师曾说：“很多人都让我说说是什么成就了培训大师。他们是更优秀的演讲者吗？他们是用充满魔力的方法使用 PowerPoint 幻灯片或挂图吗？或者说他们是用充满魔力的方法来准备这些资料的吗？我们还可以问很多其他的问题。但是如果我要找一个着手点，那么我会说培训大师是那些能够直观地践行以学习者为中心的学习策略的人。”

如果你的终极目标是成为一名服装终端培训师，你要了解服装产品知识、销售技巧、沟通艺术、表达技巧、企业管理、市场营销等多方面的知识，多涉猎《服装营销》《服装展示与陈列》《色彩搭配》《沟通技巧》《语言与表达》《商务礼仪》《企业管理》《市场营销学》等服装管理方面的课程。另外，要锻炼培训课程设计与研发能力、问题分析与解决能力等。

居里夫人有言：“在捷径道路上得到的东西绝不会惊人。当你在经验和诀窍中碰得头破血流的时候，你就会知道：在成名的道路上，流的不是汗水而是鲜血；他们的名字不是用笔而是用生命写成的。”在学好理论的过程中，通过上课积极发言、各类演讲比赛、兼职等形式，利用一切机会锻炼自己的口才和语言表达能力；通过小组活动、学生组织、部门锻炼等提升自己的团队沟通协作能力，提前为走向职场做好准备。

车尔尼雪夫斯基曾说：“世界上没有天生的才气，才气必须经过磨炼。”成为服装终端培训师可能长路漫漫，但凡事不要操之过急，当你确定了服装终端培训师的职业方向，一步一脚印，稳扎稳打，终会成为一名有“才气”的优秀服装终端培训师。

服装企划师

经济全球化背景下，我国服装行业正在从“中国制造”向“中国创造”转型。近年来，我国本土服装品牌快速崛起，企业品牌意识不断增强，企业之间的竞争变成了品牌之间的较量。一批领先企业突破了单一的“制造—销售”模式，在设计研发、品牌建设、营销渠道管理和商业模式创新等方面取得显著成效，涌现出一批优秀本土品牌企业。

在消费者品牌意识逐渐增强，冲动性购买概率不断降低，个性化需求越来越大的今天，服装已经不再是简单的遮羞布，而变成一种时尚潮流的象征。如何在众多品牌中脱颖而出，形成自己的企业形象、品牌文化已经成为服装企业重点关注的话题。

这时，服装企划师作为企业品牌发展的指路明灯登上舞台。什么是服装企划师？服装企划师就是为企业的设计、生产、营销进行整体策划，为企业创造品牌文化，打造企业形象，制定品展牌发展战略部署，推进品牌推广宣传的人。我们可以将其简单归结为一句话：企划就是为企业发展出谋划策，预先决定做什么，何时做，如何做，谁来做。

“凡事预则立，不预则废。”设计、生产和销售是企业服装流通的三大环节，商品企划以系统性思维和实施规范将三者融为一体。根据企业的发展方向，有目的、有计划地对人力、物力、财力及信息等资源进行整合，使其形成合力，以最低成本创造最大的价值。

在一个服装企业，一般会单独设立企划部门，我们将这个部门的人亲切地称为服装企划师。他们一般是一个企划团队，专门负责营销部、设计部与生产部三大部门的沟通联系工作。作为一个服装企划师，具体工作是什么？

（1）根据品牌定位以及年度销售计划，设计商品企划案和波段企划案。

（2）进行市场调查，收集流行元素、款式、面料和品类发展趋势等信息。

（3）跟进产品研发，分析销售数据，不断改进完善企划结构及需求。

（4）分析月、季度货品的进销存情况，提出相应改进措施。

（5）对新品上市后的终端表现进行分析，包括区域、波段、价格、大类、颜色、款式、推广活动等，为产品促销提供意见建议。

（6）组织商品企划会，参与设计企划会、看样会、订货会等。

（7）订货会后进行货品复盘调整，协调企业生产运营，确定商品最终投产量及投产结构。

其中，服装企划师一个重要的工作任务就是设计商品企划案。在制定商品企划案时要充分考虑以下内容：

（1）确定企业品牌的市场定位，并根据企业自身情况进行渠道建设。

（2）明确企业产品风格属性，确定营销推广策略。

（3）分析销售数据，明确产品畅滞销原因，找到产品的成长空间。

（4）分析竞争对手情况，了解竞品动向及其行销方案。

（5）研究消费者喜好、需求特点，做到了如指掌。

总之，就是要确保企业在正确的时间、正确的地点、以正确的价格、正确的数量、正确的产品来满足目标顾客的欲望与需求。

服装企划师是一个兼具理性思维和感性创意的人，必须具备极强的组织能力、沟通协调能力、市场预测能力、数据分析能力及战略策划能力。作为服装专业的学生，如果你想挑战这个职业，你可以从以下方面入手：学习市场营销管理、广告学、企业形象设计、品牌管理等企划必备基础知识；掌握服装设计、风格、搭配、服装发展史、服装品类等服装专业知识；此外要多浏览流行服装类的网站，因为了解服装流行趋势，进行市场跟踪是一个服装企划师的内功。

戴尔·卡耐基说："朝着一定目标走去是'志'。一鼓作气中途不停止是'气'，两者合起来就是志气。一切事业的成败都取决于此。"只要心中有志，我们的人生就会充满希望，让我们载着梦想的船扬帆启航。

市场调研员

所谓衣食住行，“衣”为首，服装行业是最贴近人们生活，最活跃，永远不会衰败的行业。所谓“知己知彼，百战不殆”。社会发展经历了从关注产品到关注消费者需求，再到关注社会需求的历程，企业竞争压力越来越大，想要在市场上求得一席生存之地，就必须了解市场发展现状及趋势，掌握消费者的需求、竞争对手动态，熟悉市场销售环境，寻求品牌持续发展之路。实现这些的最有效途径就是市场调研。

美国著名学者马里恩·哈珀说过:“要管理好一个企业，必须管理它的未来，而管理未来就是管理信息。”大多数服装企业已经意识到市场调研的重要性，对市场调研员的需求日益增长。想成为一名市场调研员有两种路径，一种是企业内部市场调研员；另一种是专门的市场调研公司员工。一般实力雄厚的服装企业内部都设有市场调研部，专门负责企业的市场调研工作，比如:走在市场调研前列的真维斯，非常重视市场调研工作，挖掘专门市场人才成立市场调研部门，建立方案设计、业务培训、终端调研完善的立体调研体系。大多数中小企业往往聘请专门的市场调研公司协助其进行市场调研。近几年，市场调研公司发展势头迅猛，组成专业的市场调研团队为各个领域搜集市场信息，提供专业服务。

不管是哪种类型，作为一个服装行业市场调研员主要工作职责是什么呢?

（1）制订市场调研计划，组织并执行，同时做好市场调研、市场分析、市场动态、行业开发等相关数据整理分析工作。

（2）对企业产品的市场潜力进行分析，根据市场调研结果为企业研发新产品提供依据。

（3）对企业营销活动的宣传效果进行调研，及时向企业宣传推广部门进行反馈和意见提出，同时要协助企业进行产品的市场宣传和推广。

（4）在企业拓展市场时，要对相应地区的市场进行调研，调查该地区的市场环境、消费习惯等，为企业开发市场提供依据。

（5）对竞争对手进行调研，了解竞品的设计走向、营销手段，及时调整营销战略。

（6）对客户满意度进行调研，深入了解客户的需求和意见，及时向企业有关部门进行反馈。

从市场调研员的工作职责可以看出，想要做一个优秀的市场调研员必须具备以下素质：

1. 扎实的专业基础

市场调研员要具有销售、市场调查、统计分析等方面的专业知识，要熟练使用 Office 软件和数据分析软件，还要懂得营销学、心理学的知识，能够独立制订市场调研计划和撰写调研报告。

2. 积极乐观的心态

市场调研员开展工作的重要工具是市场调查问卷和实地访谈，在这个过程中你会听到对方太多的“不”，会遭到对方太多的白眼，会吃对方太多的闭门羹。这些都需要强大的心理素质来支撑市场调研员微笑以待。时刻调整心态，帮其度过孤独、郁闷和压抑。

3. 较强的逻辑思维能力

市场调研是一个繁杂的工作，要面临各种统计数据，往往想法很多，疑问多、结论也多，这就要求市场调研员必须有极强的逻辑思维能力，能够清晰地界定问题，对调研数据做出正确地分析，为企业提供正确地预判。

4. 吃苦耐劳的精神

市场调研工作是一个既辛苦又困难的工作，很多人都望而却步，很多人尝试过最终选择放弃，所以这也是一个非常考验人的工作，要想坚持下来必须有恒心，要有吃苦耐劳的精神。

5. 良好的沟通能力

想要不轻易地被人拒绝，就要有良好的沟通方式，如何让一个陌生人愿意为你驻足？花时间和你聊天？这就是沟通的艺术。具有良好沟通能力的人往往都有专属于他们的人际交往技巧，这些对于一个市场调研员是非常重要的。

《福布斯》中国区市场首席调研员胡润，是百富榜的创始人。他是一个勇敢、耐心、勤快、乐观开朗、肢体语言丰富、中文流利的外国人，他具有极强的见缝插针的“会客本领”，每年收集大量客观数据作为支撑，定期公布极富争议的百富排行榜。

2001 年，作为英国注册会计师的胡润带领由 5 人组成的调查小组，完成了对中国富人的“财富调查”，这就是我们所熟知的 2001 年度《福布斯》中国大陆富豪排名榜。自此，他义无反顾地开启了富豪排行榜之路。

有评论家给他的评价是这样的：“胡润是个外表青涩、满脑主意的人，他是个成功的推销者和报料者，他像是一个生意火爆的饭店等位时的‘叫号者’，在与亿万富豪们玩着‘高矮胖瘦’的排队游戏，他更像是个‘空手道’高手，一个半路出家的外国人，在中国由‘骂富’向‘学富’的意识形态转角，他创造性并牢牢抓住了排行榜这棵‘摇钱树’，拼命摇出了一条从糊口到富裕的生财之路。”

市场调研员是一个极具挑战的职业，市场调研的专业知识不可或缺。然而，如果你有服装专业的知识，对服装行业有整体把握，必将是你胜任这个职业的有利筹码。

在路上，我们经常会遇见邀请你做个调查的人，或者接到访问你的电话，这些都是市场调研员的基层工作范围，不要轻视这些人，也不要对他们不屑一顾，试想他们就是在这种环境中磨炼了自己，收获了经验。也许，对你来说，这些都是一个很好的锻炼机会。

市场调研员是一个很有发展前途的职业，向上可以晋升为调研经理、市场部经理、市场决策顾问，或者转行从事营销、市场开发、客户服务等工作，都可以驾轻就熟。只要这一秒不绝望，下一秒一定会有希望，加油吧，向着胜利迈进！

市场拓展专员

在建设服装强国的进程中，服装企业普遍面临着产业升级的问题。品牌化竞争日趋激烈，据了解：每年有 20%~30% 的新品牌诞生，同时也有 20%~30% 的品牌消亡。面对国内外服装行业的新格局，服装企业都感受到了前所未有的压力。如何在夹缝中在市场站稳脚跟求生存，在市场开拓中求发展，成为摆在每一个服装企业面前的重大课题。

市场拓展关系着一个服装企业的生死存亡和长远发展，如何扩大市场份额，提高企业市场的影响力是企业一直关注的问题。市场拓展专员在市场拓展方面扮演着重要角色。

什么是市场拓展专员？他在服装企业中出于什么位置？市场拓展专员是服装企业市场部的重要组成人员，因不同企业的组织架构设置不同，市场部下设职能部门不尽相同，但是市场部基本都包含市场调研部、市场拓展部、市场营销部等下属部门。市场拓展部的核心任务就是开拓和扩展市场，实现产品和服务的市场扩大化。

作为一个市场拓展专员具体工作内容是什么？

1. 区域市场调研和分析

在市场调研中，要充分掌握该区域的人口分布、收入水平、消费水平及特点、核心商圈、竞品动态、潜在经销商等信息。通过充分地市场调研更加全面地认识和了解市场，并根据调研信息对市场做出客观分析及预判，依此作为市场拓展、推广的重要依据。

另外，要对市场进行可行性分析，分析企业品牌进入该市场的可行性和必要性，确定进入市场的最佳时机、形式和途径；确定最佳的销售渠道和网

络配置；确定最佳的产品及价格组合。

2. 制订调研规划

首先，通过对消费者的分布情况、职业特征、消费水平、购买习惯、信息获取途径以及需求喜好等进行分析，确定目标消费群体。其次，分析同行企业的分布情况、发展经营状况、行业竞争成本等，根据自身品牌特性、价格、市场运营模式确定该市场的竞争对手。此外，要及时关注竞品的市场动向和发展走向，以便企业及时制订应对方案。

3. 进行区域市场销售路径规划

区域市场销售路径规划是指对区域市场的销售渠道、销售形式、覆盖范围进行合理规划。根据市场实际情况，确定目标市场的经销商代理商的数目；以何种零售形式进行销售，例如：专卖店、专柜、专厅等；确定市场的覆盖范围等，这些都需要市场拓展专员做出整体规划。

4. 开展销售网络拓展建设

根据市场规划目标和市场的客观情况，对销售网络进行拓展建设。但一定不要因为时间或任务压力盲目选择经销商和终端形式。因为一个经营极差的经销商和终端对品牌形象会造成重大损害，而且影响时间极长。

5. 制订市场营销推广计划

市场推广计划主要包括根据品牌的导入期、成长期、成熟期等不同成长阶段制订区域市场的广告投放、宣传推广计划；根据季节，库存等情况，制订促销活动方案；制订全年的常规性促销活动计划，如重大节假日、新品上市及重大事件等大型促销活动。

从其具体工作内容可以看出，市场拓展专员这个职业对一个人各个方面的能力要求很高。那么，市场拓展专员需要具备哪些能力呢？

1. 市场调研及分析能力

市场调研分析作为市场拓展专员的一项重要工作内容，必须有过硬的市场调研能力，能够正确对市场做出预判，能够对市场有一个整体的把握和深入了解。

2. 沟通能力

市场拓展专员在工作中，需要与企业内部门、消费者、终端经销商、专卖店等进行业务沟通，良好的沟通能力可以使其在工作中更加和谐，增进领导、同事、顾客、业务伙伴的信任。

3. 良好的应变能力

市场拓展专员的工作要根据推广工作需求及市场客观要求，设计推出各种促销活动方案，在工作的过程中也会遇到预想不到的情况发生，良好的应变能力可以使工作中遇到的难题迎刃而解。

4. 市场拓展能力

市场拓展专员的主要工作就是开拓市场，这就需要其有良好的市场拓展能力和敏锐的洞察力，发现值得拓展的区域市场，选择合适的销售途径，促成合作。

5. 团队合作能力

团队合作能力是市场拓展专员顺利开展调研工作的必备能力，在调研工作中，需要收集大量的市场信息，进行数据分析，做出正确预判，这么大的工作量不可能是一个市场拓展专员孤军奋战，团队合作非常重要。

此外，一个优秀的市场拓展专员要熟悉服装行业专业知识，做到专业化，只有了解这个行业，才能从行业的专业视角分析问题，提出深度的见解。此外还要充分了解市场，所谓知己知彼才能百战不殆，了解消费者需求才能投其所好，了解经销商才能合作共赢，了解竞争对手才能防攻得当。

作为一个服装专业的学生，除了要扎实掌握服装专业的基础知识，还要研修市场营销专业知识，多涉猎《统计学》《市场营销》《消费者行为学》《消费心理学》《国际市场营销》《企业销售策划》《人力资源管理学》《市场调查与预测》《分销渠道管理》《客户关系管理》《定价管理》《现代推销技术》《公共关系学》《商务礼仪》《商务谈判》等课程；多参加市场调研方面的兼职锻炼，提升实战能力。

市场拓展专员是一个比较容易进入的职业，可以向上晋升为市场开拓部经理、市场部经理等，发展前途一片光明。努力是光，成功是影，没有光哪里来的影。如果你想在市场上求生存，从这个唾手可得的岗位开始历练，向着你的终极目标出发吧！

市场督导

何为督导？督导就是监督指导。

何为市场督导？就是负责市场调研工作的监督和指导，又称为调研督导。

它是因何得来呢？它是市场调研组织的一个架构。

市场调研组织结构分为市场调研经理、市场调研督导、市场调研员三个架构，它们之间相互制约，相互监督。市场督导是市场调研组织中不可欠缺的一部分。

要说市场督导的由来，还要从企业开展市场调研开始。服装行业瞬息多变，企业要想在激烈竞争中求生存，保持原有市场份额甚至进一步扩大市场份额，或者开拓新的市场，就必须全面了解市场供求情况、消费者需求、市场最新走势以及企业产品的终端销售情况等市场动态，市场调查报告就是企业了解市场动态的窗口。为了满足企业的发展需要，市场调研组织油然而生，这样就出现了市场督导这个岗位。

市场调查表明：顾客在到达终端前就计划好购买何种产品的仅占 30%，而 70% 的顾客是在销售终端决定购买何种产品以及购买的数量。而且，在已有购买计划的顾客中，又有 13.4% 会因某种因素的变化更改原来的购买计划。这足以表明终端促销的潜力和机会，市场督导的工作之一就是对终端运营的监督和维护，指导终端的销售活动，为终端销售出谋划策。

一个市场督导，在企业中扮演着承上启下的作用。对于终端员工而言，他代表着权力、指令、纪律和晋升；对于企业而言，作为企业和员工的纽带，他代表着生产力、质量管理、客户服务以及终端员工的需求；对于顾客而言，他的产品和员工代表着整个企业形象。

由此可见，市场督导是一个至关重要而又神圣的角色。其具体工作内容是什么呢？

1. 店铺日常事务管理

店铺日常事务管理包括监督企业总部下达的各项政策在店铺的执行情况；对店铺人员的销售技巧和陈列技能进行培训，协助做好加盟店的综合培训；完善运营管理和考核制度，激发员工工作热情，提高其服务意识；监督品牌终端店铺新产品上市的推广宣传及执行力度。

2. 店铺销售管理

市场督导对店铺销售管理的内容有：监督并指导直营店、加盟商的销售；监督策划并实施市场营销活动及全国性的促销活动；根据企业产品市场竞争力，制订科学有效的促销方案；监督并核实所负责区域终端店铺销售报表及各项报表的准确性、及时性；定期对销售情况进行总结分析，并改进和完善相关销售措施。

3. 市场服务

市场督导要做好市场的服务工作。稳固现有市场，调动现有市场的积极性；融入市场，巩固市场的忠诚度，建立畅通的信息反馈渠道；协助市场拓展部门，开发新市场；确定调研项目，撰写市场调研报告，及时向企业总结汇报。

4. 协助企业制定相关政策

市场督导工作涉及企业运营的各个方面，熟悉企业的各个环节。因此，会协助企业，制定和完善各项政策和制度。

此外，作为一个合格的市场督导要有明确的自身定位，作用是连接企业、顾客、员工的纽带；职责是保证企业利益，维护市场权益，上传下达，排忧解疑；目标是促进生产，提高销售业绩。还要有清晰的工作思路，即履行好巩固现有市场、融入市场、协助市场、开发市场、指导市场、规范市场、服务市场、监督市场、培育市场等多项工作使命。

谈及如何成为一个优秀市场督导，一个经验丰富的市场督导如是说：“市场督导就是天使和魔鬼的复合体，要让人既爱又恨，一方面他要做好业务员、

促销员的良师；另一方面要敢于直面问题，永不妥协。他要机敏如猎犬，对市场信息有敏锐的嗅觉；明察如雄鹰，对存在的问题能明察秋毫；迅猛如猎豹，一发现问题迅疾采取措施；渊博如师，能经常对业务员、促销员的工作进行培训和指导。”

市场督导是目前服装企业非常紧缺的人才，在各大招聘会上，你会发现他频频出现在各个企业招聘列表之中。这也是一个很有发展前途的职位，向上可以晋升为市场部经理、区域主管、高管等。作为一个服装专业的学生，除了服装专业基础课程的学习，也要涉猎市场调研、营销方面的理论和实践课程，例如《服装市场调研》《市场调研与预测》《服装市场营销》等。在学好基础课程的同时，加强实践能力的锻炼，可以从市场调研员入手获取市场调研的经验。为自己设定一个目标，从现在开始积蓄力量吧！

海尔总裁张瑞敏先生曾说：“什么叫不简单，就是把简单的事情重复做好就叫不简单；什么叫不平凡，就是把平凡的事情重复做好就是不平凡。”市场督导就是这样一个看似平凡简单却又极不寻常的职业，加油吧！向着你的梦想出发！

网店美工

近年来，随着信息技术的高速发展，电商行业已经从一个出生的婴儿走向成熟。电商对实体经济产生了巨大冲击，特别是疫情以来，很多实体经济纷纷转战线上，呈现出电商遍地开花的局面。目前，各个行业都在寻找新的发展路径，有的向电商转型，有的开始了“线上 + 线下”双向发展模式。新业态催生新职业，电商的发展催生了一系列新的职业。其中的典型代表就是网店美工，如淘宝美工。随着电商的不断增容，网店美工的市场需求量进一步暴涨，成为一个极具吸引力的职业。

什么是网店美工？网店美工就是对网站页面进行美化设计、制作网店促销海报、拍摄及美化宝贝图片，使网店以精美的形象展现给消费者的幕后工作人员。其专业定义为：帮助各种电商平台的商家处理设计图，并上传到店铺的各个位置，使这些图呈现在消费者面前，促使其发生购买行为的专门人员。

网店美工会给店铺打造一个美好的视觉形象，让顾客对这家店瞬间产生好感，让他们流连忘返。网店美工在网店经营中扮演着重要角色，它是一种无形的力量，激发消费者的购买欲望，促成消费者的购买行为。那么，作为一个网店美工的具体工作有哪些？

（1）配合运营和项目负责人塑造店铺的品牌形象，打造品牌的权威性，呈现符合店铺形象的精美视觉效果。

（2）负责网店的整体装修设计，如完成店铺首页、产品详情页设计，定期对首页及产品详情页进行更新、美化和维护。

（3）配合店铺促销活动，定期设计促销活动专题页面及广告版面，确保设计效果符合营销活动的利益诉求点。

（4）拍摄新产品的展示照片，对拍摄后的产品图片进行校色、美化处理，设计产品主图，辅助产品上架，根据产品风格特点设计产品描述语。

根据网店美工的具体工作内容，将网店美工的任职能力要求总结如下。

1. 图片处理技术

网店美工每天都要图片打交道，对图片进行设计、美化、处理、抠图和修改，这些都需要熟练使用 Photoshop、Dreamweaver、Flash、Illustrator 等图片制作处理软件，才能高效地完成工作任务。

2. 色彩基础

色彩是图片设计的基础，在运用 PS 等制图软件进行图片设计处理时，色彩是主要工作对象。网店美工必须掌握 RGB、CMYK 等色彩基础理论知识。网店美工必须建立自己一整套的色彩应用体系，才能使设计作品的色彩更能突出作品主题。

3. 较强的艺术感和创造力

作为一个网店美工，其设计作品要新颖、独特，给人以强烈的视觉冲击力，吸引住消费者的眼球，这些都需要较强的艺术感和设计创造能力，需要丰富的想象力和创造力。

4. 深厚的语言文字功底

网店美工除了绘图任务，还要为宣传海报设计语言，有的还会负责撰写产品描述语，这些都需要掌握网页设计语言和具有一定的文字功底，通过设计语言准确展现销售目的，准确描述产品的风格属性。

5. 理解分析能力

网店美工的工作不仅仅是做图，还要对运营及文案策划具备一定的理解分析能力，能够洞悉策划方案的意图，这样才能设计出最契合主题的活动界面，满足主题活动的要求。

每一个网店美工都是潜力股，晋升空间非常大，可以往网店运营、设计方面发展。据统计，网店美工分为初级、中级和高级三个层次。初级网店美工：主要做一些扣图换背景之类的工作，月薪 3000~5000 元；中级网店美工：

已经具备图片的处理效率和质量，但还不具备设计整个产品页面的能力，月薪 5000 元以上；高级网店美工：能独立设计出海报，广告语等版面，拥有较强的美感和设计创造力，能判断顾客的喜好，工资在 10000 元以上。

谈及网店美工这个职业，曾经有网店美工这么说："我喜欢作图，喜欢看图，收集图。我喜欢唯美的图片，那些图片可以让人放轻松，陶醉于那刻安静，为此停留的时间很长；有时候没有劲儿的时候，我看恐怖的天马行空图片，那些可以让人产生刺激感，思维也会活跃些，最重要的是这些天马行空的图片，可以促进想象力。"

当前，网店美工需求量很大，属于肉多僧少的职业。如果你喜欢和图片打交道，网店美工这个职业是一个很不错的选择，平时要熟练掌握图片处理的各种应用软件；参加美工方面的培训；学习基本的色彩搭配课程；掌握一些图片拍摄的技巧；进行一些美工方面的兼职锻炼，相信你会轻松驾驭这个工作。

最后送大家一句话："求其上，得其中；求其中，得其下；求其下，无所得。"在就职的道路上，要适当设立目标，既不要触手可及也不要遥不可及，凡事做到适度最好。

网店客服

随着电商时代的到来，人们的消费习惯发生了巨大变化，网购已经成为人们一种必不可少的生活方式，如今的网上购物可谓风生水起，购物形式丰富多彩，各种购物网站淘宝网、京东商城、拼多多等层出不穷。

网购给人们生活带来了极大的便利，可以让我们从网上了解想要的信息；让我们了解最时尚的前沿动态；让我们足不出户就可以买到想要的东西；让我们不用排队，动动鼠标就可以下单；让我们不再用去银行提取现金，在线即时转账就可以完成交易。网购以一种方便、快捷、高效的新型消费方式正在蓬勃发展。尤其是疫情以来，以其非接触、非聚集性购物的优势迅速爆火。

所谓："行行有利，行行有弊。"在网购过程中也存在一些问题，比如：商家花费大量心思引流，最终却发现消费者只是蜻蜓点水，一掠而过；人们无法真实地获得商品的完整信息，需要交互式的咨询答疑，才能实现购物活动；因商品的质量问题、维修不便等造成消费者的投诉日益增多。为了解决销量、询问、投诉等问题，更好地服务消费者，网店客服横空出世。

那么，作为一个网店客服，需要具备哪些要求呢？

1. 了解宝贝信息

作为一个网店客服，最终目的就是为了让来的人都买，让买的人买得更多，让买过的人再来买。想要做到这一点，就必须对店铺的全部产品有足够的了解，掌握自家产品的特色卖点、功效、规格属性，这样才能更好地说服顾客，促成交易。

2. 熟知电商平台规则

网店都是以电商平台为载体的。网店客服必须要了解电商平台的规则。熟悉订单流程，包括订单生成、核对催付、打包发货、交易确定、评价管理等；了解平台官方活动、店铺活动规则，例如淘宝网的天天特价、淘抢购、店铺活动满减、搭配套餐、限制折扣、红包、店铺 VIP 设置等；懂得消费者权益保障规则，及时做好消费者服务工作。这样可以最大限度地提高成交量，降低不必要的纠纷和麻烦。

3. 掌握议价技巧

议价，作为人们的一种传统消费习惯，这个不分线上还是线下，它几乎是买家必备的行为之一。议价是销售中最容易流失的环节，议价要讲究艺术，既不能因为议价就一口拒绝，也不能一口答应议价。议价的原则是：有条件地让步。当顾客要求便宜时，可以通过关联销售引导其多买，如满减；当顾客说不便宜就不买时，可以向店长请示或申请小礼品、优惠券等；当顾客问为什么价格比别的店铺高时，强调产品的品质，店铺是几年老店、产品评价来体现自己的产品是物超所值的。

4. 熟悉催付技巧

催付是网店客服工作的一项日常事务。据了解，对网店客服经过专业的催付培训后，客户付款成功率可以增长 40%，所以催付是提高交易转化率的一个关键因素。客服在催付时，首先要分析客户没有立即支付的原因，例如服务问题、支付问题、发现更适合自己的产品及其他原因等，要具体情况具体分析，采取相应的催付技巧，促成交易。

5. 熟练使用软件设备

网店客服要会使用旺旺、微信等聊天工具，打字速度要快，保证第一时间回复客户问题；熟悉淘宝助理、快递单打印软件，提高工作效率；熟练操作打印机等工具设备，做到游刃有余。

6. 客户沟通流程化

实现与客户沟通的流程化，这是网店客服的一项重要沟通技能，可以极

大地提高工作效率。除了上面提到的客户议价可以流程化，突出宝贝品质，体现物超所值，有条件地让步以外，促成订单也可以实现流程化，把握顾客心理，有条理地回答客户问题，多说先说宝贝的强项，少说或不说弱点，明确售后服务保障。

7. 退款、退换货服务

售后服务是客服的一项重要工作，因为产品尺寸、品质等都可能造成退换货，网店客服要第一时间回复客户，安抚客户，协商解决问题，维护店铺的声誉和口碑，在处理退款、退换货时要遵循如下流程：联系买家、核实情况、安抚致歉、协调方案、跟进处理、备案登记。

随着网购的人数剧增，电商企业对网店客服的需求也越来越多，从当初一个网店客服可以身兼数职完成整个网店运营管理到现在形成数十人以上的客服团队，网店客服已经极具规模。当前，因分工不同，网店客服可以细分为以下类型：

（1）导购客服，帮助买家更好地挑选宝贝；

（2）咨询客服，通过旺旺、电话，解答买家问题；

（3）推广客服，负责网店的营销推广；

（4）投诉客服，负责处理客户投诉；

（5）打包客服，专门负责货品打包事宜。

但是不管何种类型的客服，都应该具备以上条件，分工的细化只是对客服的专项工作要求更高而已。

有这样一个故事：曾经有这样一位顾客，他特别喜欢一家店铺的衣服，一次下单买了三套。但是顾客在第二天下午四点的航班就要飞去美国长住，短时间里不会回国。由于错过了当天的发件时间，第二天顾客很着急地联系了客服小二，希望能够在上飞机前收到下单的衣服。

客服在交流中得知这位顾客与店铺同在一个城市，相距只有 80 公里。于是，店主决定自己开车送过去。一个多小时的车程，这位顾客拿到了衣服，也赶上了飞机。三套衣服，很轻也很重。只希望你漂洋过海，能时常念起自己的家乡。

一个客服点亮的光，在不经意间照亮了他人的整个世界。相信，这样的故事有很多。但是我想说的是看似微不足道的客服和从未谋面的陌生顾客之间一样可以建立起尊重、关爱、信任的关系，只要真心以待。

网店客服，可以学到很多网店运营的知识，锻炼与人沟通的技巧，积累宝贵的工作经验。通过这个职业的锻炼，你可以选择在电商平台自主创业，也可以选择跨行业部门横向提升，例如淘宝店铺运营专员、淘宝商城的运营专员、网站推广专员等职业。

网店客服是一个门槛低、收入可观、易操作的职业，它不限于工作时间、地点和空间，不看你的样貌身材、身体残缺与否，不管你的身份学历。非常适合学生兼职锻炼，你要是有向电商方面发展的意向，可以尝试一下这个职业。

作为服装网店客服，除了要自学淘宝大学等专题类课程，参加网店客服培训类课程以外，如果具备服装方面的专业知识就是锦上添花，会让你工作更加得心应手。

罗蒙诺索夫说：“不会做小事的人，也做不出大事来。”看似简单的工作实则暗藏大智慧，珍惜每一个平凡的机会，越过平凡的阶梯就是真正的伟大。

电商主播

近期，由吴谨言领衔主演的电商都市情感剧《青春创世纪》女主角钱希西光鲜亮丽的女主播形象深入人心，她成功演绎了一个草根到超级带货女王的奋斗历程，成为“最强打工人”，被无数粉丝种草。

我们没有输给竞争对手，也不能输给这个时代。在这个高速发展、新鲜事物不断涌现的时代，电商直播以其产品呈现形式、时间成本、社交属性、购物体验感和售卖逻辑等多个维度的显著优势腾空出世。

近年来，直播带货风云人物层出不穷，其中典型代表有“口红一哥”李佳琦，他是抖音电商比较成功的代表，在抖音运营成功后现已斩获 3333.1 万的抖音粉丝，同时反哺淘宝直播，给他的淘宝直播带来了 712.95 多万粉丝；执掌带货直播半壁江山的一线网红淘宝主播薇娅，粉丝多，流量大，一场直播就有千万元销售额，曾经为某店铺直播创造了销售额从 0 到 7000 万元的传说。另外，很多专门直播机构也风起云涌，除知名的 MCN 机构以外，广东服装行业直播电商基地正在筹划建设之中，该基地将涵盖公共服务平台、直播间、专业摄影棚、选品中心、新媒体运营中心等多个功能区域，为企业定制“发布 + 拍摄 + 直播 + 新媒体”解决方案，一站式解决时尚企业数字化需求，以其作为行业标杆，致力于打造“直播网红打卡基地”。

面对电商直播时代的到来，对服装产业有什么影响呢？据 2019H1 统计数据显示：2019 年直播平台各类品交易额构成中，服饰交易额独占鳌头，占比为 46%；其次是珠宝首饰类，占比为 23%；美妆类交易额位列第三，占比为 18%。可见，直播已经成为人们的一种购物方式，电商直播给服装产业带来了巨大影响，“直播＋服装”成为服装企业发展的新趋势。例如：杭州本土服装企业伊芙丽、雅莹、Mofan、郁香菲、芭蒂娜、卡拉佛、百格丽、JAC、衣品天成等，已经意识到电商直播带来的效益，纷纷大力追捧“网红”。

成为一个外表光鲜亮丽，坐拥千万粉丝的电商主播，相信是很多爱美人士的梦想。那么，想要成为一个电商主播，要具备哪些条件呢？

1. 熟悉电商直播平台

当前，我国电商直播行业主要包括两大类平台。一类是电商平台，通过开通直播间，引入内容创作，直播电商是“电商＋直播”，如淘宝直播间；一类是内容平台，通过接入第三方电商平台来布局直播＋电商的运营模式，直播电商是“直播＋电商”，如快手、抖音等。下面我们了解一下当前比较火热的直播平台。

（1）淘宝直播

提到电商，大家的第一印象非淘宝莫属，淘宝直播是淘宝平台孵化的纯电商直播平台，因为淘宝用户都是以购物为目的，直播带货优势突出，所以淘宝直播是当前最大的直播平台。做淘宝直播，适合稳步提升成长，长远规划。当前，淘宝直播平台直播有四种直播类型：

①淘宝店铺直播。淘宝店铺直播比较适合中小卖家，店铺需要符合准入条件和类目才能申请参加。如果是淘宝集市店铺，其准入条件是店铺等级在1钻以上；微淘层级要在L1级以上；拥有一定的商品品类和数量。往往符合上述条件的店铺已经有了一定的运营实力，如果想做好店铺直播，需要注意直播内容的选择。

②淘宝达人直播。淘宝达人直播实际上是一种内容运营方式，达人直播准入条件是：账户经过支付宝实名认证；达人条件是达人等级需要在L1级以上。另外，对达人自身而言要口齿伶俐，能够控场和互动。每个淘宝达人往往都有自己擅长的行业经验和一定的人气积累，商家会主动聘请相关行业的达人帮他们直播带货，达人会根据销量赚取佣金和提成。

③天猫直播。天猫直播与其他直播相比有所不同，因为它自带浮现权，想要获得浮现权需要通过官方考核，这种直播类型往往拥有较强大的运营团队，比较适合品牌商家。

④淘宝全球买手直播。在世界各地的各大商场里，很多买手会进行直播带货，这类直播被称为全球买手直播。该类型直播的一个硬性准入条件是：店铺不能存在违规虚假交易，店铺要保证正常营业并拥有较为稳定的综合运营能力。

因此，想要做淘宝直播的小伙伴们，要根据自身的实际情况恰当地选择直播类型，才能进入直播领域。

（2）抖音直播

抖音目前的用户量非常大，但是商业化环境还不成熟。如果做电商，抖音需要进行提前布局，等待时机，以积累粉丝为目标，等待商业化环境的到来。正如前面所说，抖音比较成功的典型代表非李佳琦莫属。

（3）快手直播

快手直播被称为最接地气的电商土壤。不同于淘宝直播的是，快手直播是短视频发布平台快手的衍生品。因为当前直播较火爆，所以快手的电商直播现在也处于白热化阶段。

像大多数直播平台一样，快手直播保守的直播方式是拍短视频—涨粉—卖货的套路，但这种套路存在成长速度慢的缺点。当前，一种新型的直播方式正在悄然兴起，那就是挂榜—涨粉—直播卖货，但是这个套路需要有一定的资金支持。

（4）微信直播

对于新人来讲，红豆角也是个不错的选择。红豆角门槛低，卖货速度快，新人入驻还赠送 15 天新人榜流量扶持。在当前市场环境下，各大电商直播平台已经完成直播流量的开发，只有微信直播流量尚有较大的开发空间，红豆角作为直播平台，通过开发微信小程序、微信直播等功能帮助商家扩大销量。

2. 必备素养

（1）外在形象

电商主播不可能个个美若天仙，也不可能各个拥有维密秀超模般的身材。但是妆容形象需要与直播的类型相呼应。首先，电商主播应该做到干练整洁，女主播要化淡妆、服饰整洁大方，男主播要刮胡子、衣着整洁。其次，主播要依据产品风格特色，进行造型装扮，使得妆容气质应时应景，贴合直播主题。

（2）亲和力

直播要有亲和力。在直播前，电商主播需要对直播间时间、时长、收货流程进行规划。在直播时，对受众要保持亲和力，对于受众提出的刁钻问题要尽量委婉回答。电商主播在镜头前要勇于展现自己，能够将自己带入一个高亢的自我表演状态，调动受众的积极性。当然也可以偶尔露出点小伤感，增强粉丝对你的关爱，受众会觉得你更加洒脱、随和、接地气，觉得你更加亲切可爱。

（3）销售话术

销售话术需要主播自身的临场反应与经验。电商主播需要掌握基本的话术技巧，主要涉及以下方面：引导用户为主播点亮爱心、关注主播；引导用户下单；在网络不好的情况下，引导用户再次观看；冷场时控场；下播时结束用语等。

（4）提炼卖点

电商主播需要明确产品的价格、数量等基本属性。对于有不同容量的产品，需要对容量做出特别强调；需要全面了解产品特质，找出产品的最大卖点。同时，对于产品的做工、材质、颜色等特殊属性需要特别指出。此外，主播还需要掌握同种类型一到两个的竞品信息，以便于分析对比突出自家产品的优点。

（5）身体素质

从直播时间来说，直播的时间相对稳定，基本每天固定时间段直播，每周 5 天以上开播，而且一场直播站上四五个小时是平常事。据《2017 主播职业报告》显示：在受访主播中 8.4% 每天用在直播上的时间大于 8 小时，29% 的主播每天在直播上耗时 4~8 小时；全职主播每天直播耗时超过 8 小时的超过 21%。近 84% 的全职主播一周直播 5 天以上，30% 的兼职主播一周直播 5 天以上。此外，电商主播还要不停地一边讲解一边换衣服，这些对直播的身体素质要求很高。因此，平时一定要注意多做运动，强身健体。直播时，准备润喉糖、一杯茶等润嗓，不要一场直播结束就声音沙哑，无法说话。

（6）心理素质

直播开始时，电商主播面对的可能是个位数的粉丝，或是公屏，是无人说话的状态，这个时候电商主播要临场不乱，学会自己控屏。面对直播镜头，

不要害怕“抛头露面”，不要在意别人的语言攻击，做好心理准备，理性看待电商主播这个职业和受众，保持乐观的心理素质。

以上是电商主播的必修课，当你拥有了这些素养，直播就会事半功倍，任何场景都能轻松应对。但需要注意的是，虽说人人皆可直播，但不是人人都能成功，唯有形成自己的直播特色，有清晰的自我定位，才能拥有万千铁杆粉，完成惊人的销售业绩。

相信，现在你对电商主播这个职业已经有了比较清晰的认识，要是你认为自己有当电商主播的潜质，或者你非常喜欢这个职业，请从现在开始自我沉淀积累吧！多学习服装专业的基本知识、用语；多参加演讲、辩论会等比赛活动，提升自己的控场能力和语言表达能力；多阅读一些时尚妆容方面的书籍，塑造时尚整洁、光彩夺目的个人形象；多练习电商主播的直播技巧，做到反应迅速，随机应变；多参加体育、瑜伽、舞蹈等修身养性的锻炼活动，保持身心健康。

不想怀疑自己，不想怀疑人生，不想不敢做梦，不想只做梦，不想认输，不相信命，跨越所有的不想，你一定会听到生命的回响。希望你以梦为马，不负韶华，用青春书写亮丽的生命绝响。

第四章　教育培训篇

一思一悟育桃李

服装专业教师

2019年4月11日，教育部下发了《关于切实加强新时代高等学校美育工作的意见》，教育部要求，普通高校要强化面向全体学生普及艺术教育，把美育纳入督导评估和考核体系，这就意味着绘画、舞蹈等艺术特长将不再只是业余爱好了。高校服装类专业学生基本都具有绘画、舞蹈功底，作为具有艺术特点的服装专业会越来越受到人们的重视和关注。

服装专业教师是指从事大学或者高中职学院的服装类专业教师，根据学校所设置的专业方向不同，可以分为服装与服饰设计、服装设计与工程、服装表演与形象设计、珠宝首饰设计等专业类型。

当前，全国开设服装与服饰设计专业的院校270所，服装设计与工程专业院校97所，服装表演与形象设计专业院校91所，珠宝首饰设计专业院校23所。从以上数据可以看出，开设服装类专业的学校总体较少，但从历年来各大院校的教师招聘简章发现，各大院校每年都会招聘1~2名相关服装专业的教师。因此，想要成为一名服装专业教师，竞争压力相对较小。下面，看一下服装专业教师的聘任条件。

1. 基本条件

（1）热爱祖国，热爱人民，坚信中国共产党的领导，具有良好的世界观、人生观和价值观。

（2）遵纪守法，品行端正，热爱教育事业，遵守教师职业道德，恪守工作纪律，身心健康。

（3）有事业心和责任感，有敬业、奉献和团队精神，实事求是，踏实肯干。

（4）身心健康，热爱高等教育事业，具有良好的职业道德品行。

（5）具备履行应聘岗位所需的学科背景、理论知识和实践能力。

（6）符合事业单位公开招聘人员回避制度的要求。

2. 岗位条件

根据全国各大服装类院校教师招聘简章，岗位条件汇总表如下：

服装各大院校教师招聘岗位条件汇总表

院校类型	岗位	专业	学历学位	要求
本专科院校	服装与服饰设计、服装设计与工程、服装表演与形象设计、珠宝首饰设计科研教师岗	各相关专业	硕士研究生及以上（本科要求具有中级以上职称）	初级以上，40周岁以下；中级以上，45周岁以下；博士研究生或者具有两年以上海外学习或工作经历的硕士研究生、有跨学科背景者优先
本专科院校	服装科研岗	服装设计与工程	博士研究生	领军人才、创新人才
高中职院校	服装与服饰设计、服装设计与工程、服装表演与形象设计、珠宝首饰设计专业教师岗	各相关专业	本科及以上	40岁以下，硕士研究生优先

从聘任条件中，我们不难发现本专科院校注重教师的教学科研水平，对教师学历学位要求较高；而高中职院校更加注重教师的专业水平，对教师的学历学位要求相对较低。

3. 高层次人才引进条件

（1）杰出人才：研究领域处于国际学术前沿、具有世界一流学术水平、在本学科领域取得卓越成就的两院院士、海外发达国家院士；或具备相当水平人才。

（2）领军人才：学术造诣高深、在科学研究方面取得国内外同行公认的重要成就、具有带领本学科赶超或引领国际先进水平能力、具有较强的团队

领导和组织协调能力、能带领学术团队协同攻关的国家级领军人才；海外知名大学教授；或海内外相当水平优秀人才。

（3）拔尖人才：在科学研究方面取得突出学术成果、有较强的团队领导和组织协调能力、具有带领或协助本学科赶超或保持国际先进水平能力的省部级及国家重点人才工程青年项目拔尖人才；或在海外知名高校（科研机构）担任相当于副教授以上专业技术职务，在科学研究方面取得突出学术成果，达到国内一流学科带头人水平，能够带领或协助本学科赶超国内外先进行列的优秀人才；或海内外相当水平优秀人才。

（4）青年人才：年龄一般在35周岁以下的博士（博士后），对于业绩特别突出或急需紧缺专业的，年龄可适当放宽，但一般不超过38周岁。创新发展潜力大，发表过本领域高水平代表性论文，参与过相关领域省部级以上科研项目研究，具有获得国家、省级教学科研项目的能力；或学校学科专业发展急需紧缺，有较强的教学科研能力；或具备相当水平者。

对于符合以上高层次的优秀人才，高校会优先录取，这些条件都是进入高校教师行业的筹码。

此外，想要成为一名高校专业教师，还必须通过相应学校的事业编考试大关，教师招聘考试主要包括以下流程：报名—资格审查—考试—资格复查—体检—公示聘用。其中考试包括笔试和面试两部分。笔试主要测试应聘人员与岗位相适应所必需的专业知识；面试采取课堂试讲和技能测试的方式进行，主要考察应聘人员所具有的专业知识、业务能力、教学效果等综合素质。

从高校教师的招聘条件可以看出，作为一个高校服装专业教师，应该具备以下素养。

1. 渊博的文化素养

（1）马卡连柯说过："学生可以原谅老师的严厉、刻板甚至吹毛求疵，但不能原谅他的不学无术。"高校服装专业教师必须要精通服装专业知识。服装专业教师不仅要熟悉教材基本内容，形成完整的知识体系，还要通过专业进修和自我学习，了解服装学科学术动态，不断更新知识，时刻站在学科前沿将最新的专业理论传达给学生。

（2）服装专业教师除了具备专业知识，还要通晓人文、社科、哲学等方面的知识，做到博学多才。素质教育的目标是培养学生的综合素质和创新能力，高校服装专业教师应注重与其他学科的融通，形成“大教学观”，为学生创设开放的教学环境，用渊博的知识启迪学生的创新思维。

（3）服装专业教师要具备教育学、心理学等理论修养。苏霍姆林斯基说：“教师不懂心理学，这就如同一个心脏专业医生不了解心脏的构造。”教师只有掌握教育学、心理学的相关理论，才能用科学的理论指导实践，把握学生成长规律，做到因材施教，有的放矢。

2. 较强的教学能力

师者，传道授业解惑也，教学能力是身为人师的基本要求。教学能力主要表现在以下两个方面。

（1）良好的语言表达能力。苏霍姆林斯基说：“教师的语言修养，在很大程度上决定着学生在课堂上脑力劳动的频率。”语言表达是教师授课的基本形式，如何通过语言的魅力吸引学生的注意力，把高深的知识转化为简单易懂的道理轻松地传给学生，这就要求教师的语言准确，具有学科性；简明练达，具有逻辑性；生动活泼，具有形象性；抑扬顿挫，具有和谐性。

（2）较强的组织能力。组织能力是一个教师教育教学顺利开展的重要保障。教师的组织能力体现在对课堂的控制力上，要能够灵活调节课程进度，活跃课堂气氛，把控教学环境，引导学生思考，进行高效率的学习。

3. 过硬的科研能力

科研能力是高校服装专业教师的必备能力之一，主要体现在两个方面：一是教学研究能力。总结教学经验，将教学与教研相结合，对教学中的问题进行理论研究，进而探索和发现新的教学规律、教学方法和教学模式。二是专业学术科研能力。高校服装专业教师作为服装专业高素质人才，肩负着专业学术研究的责任，只有不断将专业研究引向深入，才能推动服装行业的跨越式发展，服务企业，造福社会。

4. 高尚的道德修养

作为一个高校服装专业教师，要热爱自己的教育事业，关爱学生、治学严谨、以身作则、为人师表。要自觉传承中华优秀传统文化，弘扬社会主义

新风尚，践行社会主义核心价值观，做到以德立身，以德施教，以德立德。

通过上面对高校服装专业教师的描述，想一想自己距离成为一名高校服装专业教师的差距还有多大。想要争取越好的大学任职机会，所需的学历就越高。作为一名服装专业的学生，现在还为时不晚，为了你的大学教师梦，向着研究生、博士奋进吧！

高校服装专业教师是集劳动性、复杂性、艺术性、创造性、研究性为一体的职业，在青年学生成长成才过程中扮演着重要角色，肩负着立德树人的光荣使命，怀揣着“以生为本，以爱为源”的初心，既然选择教师这个行业，就要干一行、爱一行。成就学生，就是成就自己，成就未来。李嘉诚说过：“年轻是我们唯一拥有权利去编织梦想的时光。”追梦路上勇者胜，愿大家趁年轻，挥洒青春汗水，顺利实现自己的青春梦想！

美术老师

孩童时，每每有人问起我们的梦想，我们会很自豪地回答当一名教师，因为在我们幼小稚嫩的心中，教师是一个光荣而神圣的职业。历经成长的洗礼，社会百态的今天，教师还是不是你的职业目标？作为一个服装专业的学生，还有没有机会圆我们的教师梦呢？

答案是肯定的，尽管困难重重，但还是希望满满，这就是美术老师。

近年来，美育已成为教育中的重要组成部分，国家相关部门曾多次出台相关文件，美育的重要性不言而喻。2020 届高考生的招生改革政策也明确指出取消所有奥数培训班，将综合素质评价纳入高考范畴，将教育重点向音乐、舞蹈、美术等兴趣特长转移，突出艺术才艺成果的重要性。

教育部在《关于做好 2018 年普通高校招生工作的通知》中明确提出，高考艺术特长生将享受加分政策，全国 53 所高校率先响应艺术特长生加分政策。还赋予了艺术类特长生新定义：普通高校为了活跃校园生活文化，更好地推进学校的素质教育，经过教育部门批准后每年可以录取一些达到成绩要求又有艺术特长的学生。例如：一个学音乐的学生报考音乐专业，那就是艺考生；而学音乐的学生报考了管理专业就是艺术特长生。

美术老师在美育教育中扮演着重要角色。那么，当下的就业形势如何？当前，不管是小学还是初中抑或是高中，美术老师都是教师队伍的重要组成部分。加上教育的普及，二胎政策的放开，各地市每年教育系统会招聘大批量的美术老师，就业机会还是很明朗的。那如何成为一名美术老师呢？下面，我们来具体了解一下美术老师的招聘条件。

1. 基本条件

（1）具有中华人民共和国国籍。

（2）遵守宪法和法律，具有良好的品行和职业道德，身体健康。

（3）取得相关学历、学位证书。

（4）定向、委培毕业生报考，须征得定向、委培单位同意；在职人员报考，应征得有用人权限部门或所在单位同意。在读全日制普通高校非应届毕业生不能用已取得的学历学位作为条件报考。

2. 岗位条件

因学生成长阶段不同，美术老师的工作内容不同，对美术老师的要求也不同，下面对不同教育阶段的美术老师岗位任职条件总结如下表：

美术老师岗位任职条件汇总表

<table>
<tr><th>教育阶段</th><th>学历要求</th><th>专业要求</th><th>普通话要求</th><th>教师资格证书要求</th><th>毕业院校</th><th>岗位级别</th></tr>
<tr><td>小学</td><td rowspan="3">二、三线地区及以上：本科及以上；
偏远地区：大专及以上</td><td rowspan="3">美术相关专业</td><td rowspan="3">二级乙等以上</td><td>小学（专业一致）</td><td rowspan="3">二、三线地区及以上：全日制师范类高校；
偏远地区：一般不作限制</td><td rowspan="3">初级岗位40周岁以下；
中级岗位45周岁以下；
高级岗位50周岁以下</td></tr>
<tr><td>初中</td><td>初级（专业一致）</td></tr>
<tr><td>高中</td><td>高级（专业一致）</td></tr>
</table>

从招聘条件可以看出：中小学教师必须要考取相应的教师资格证和普通话证书；经济发达二、三线及以上城市对美术老师的专业对口要求较高，一般会有师范类院校毕业的要求，但大多数服装专业学生所在院校不属于师范类院校，所以在报考选择方面，可以倾向于经济落后或者偏远地区任教，这些地区一般竞争压力较小，更容易实现你的教师梦。你可以回归家乡，服务家乡，也可以选择到偏远地区支教，造福一方。

具备上述条件，你就可以参加国家中小学教师招聘考试，通过考试大关就能真正成为一名美术老师。招聘流程为：各地发布中小学教师招聘简章—报名—资格审查—考试—面试—考察体检—公示聘用。其中，中小学教编考试内容一般包括公共基础知识和教育基础知识（包括教育学、教育心理学专业知识和教育法律法规、教师职业道德、教育常识等）两部分。因此，想要成为一名中小学美术老师还是任重而道远啊！

作为一个肩负培养国家建设者和接班人使命的美术老师，要具备哪些素养呢？

1. 扎实的美术专业基础

中小学教学大纲对美术教学内容和能力要求有明确的规定，美术老师要培养学生的绘画、审美、想象和动手能力。教师必须有一桶水，才能教给学生一碗水。因此，教师自己本身必须在这些方面做得更优秀。

2. 系统的教育学、心理学知识

教师必须有系统而全面的教育学、心理学知识，懂得不同年龄段学生的身心发展特点，能运用合理的教学方法，使学生得到最大限度的发展。一个不懂得教育教学规律、学生成长规律的老师，培养不出优秀的学生，更不可能成为一个优秀的老师。

3. 丰富的文化素养

现代美育教育要求老师不是把学生培养成为艺术家，而是要努力提高所有学生的审美水平，以增强全民族的审美素养。美术老师要广泛摄取艺术文化知识，将其综合运用到教学实践之中，在广泛的文化情景中对学生进行审美教育，陶冶学生的情操，提高学生的艺术品位。

4. 先进的教育理念

教师最大的危险就是因循守旧，停滞不前。当前学生生活在科技迅猛发展，新事物时刻涌现，新技术日益更新的时代。教师必须要更新教育理念，保持与时代同步，善于吸纳新知识，获取新信息用于教学实践，才能不会被时代所淘汰。

5. 高尚的师德修养

作为一个老师，要热爱自己的本职工作，有无私奉献精神和强烈的责任感、事业心，有良好的人格魅力，这是教师职业道德的基本要求，也是做老师的底线。一个思想上不合格的人，就算专业再强，那也是枉为人师。

6. 进取的创新精神

优秀教师必须具有创新精神，无论是教学理念，还是教学方法都必须与实际需要相吻合。只有结合学生特点，不断地探索，大胆地创新，才能达到

教育目的，满足教育教学的时代要求。

美术老师工作稳定，待遇不错，有双休日，还有寒暑假，相对于文化课老师工作压力较小，每天面对一群可爱、元气满满的学生，而且，闲来无事可以进行自我创作，陶冶情操，节假日有时间陪家人，这份工作好生雅致。如果你想继续追逐小时候的梦想，就从今天开始吧！

人最可悲的是，有自由的思想，却没有冲破羁绊的勇气。求取教师之路一定会遇到艰难险阻，但只要坚定信念，勇往直前，相信你一定能够取得“教师真经”。

美术培训老师

近年来，随着人们生活水平的提高，家长对孩子的艺术素质教育越来越重视，随着艺术考试纳入中考，加上艺考温度持续上升，艺术培训成为学生的刚性需求，催生了一个新兴市场——艺术培训市场。据有关统计，2015 年我国少儿艺术培训市场规模达 574 亿元，到 2020 年规模已突破增 1300 亿元。艺考生在艺术培训方面的支出也在不断增加，预计到 2025 年我国艺考培训市场规模将达到 178.52 亿元。艺术培训机构如雨后春笋般遍地开花，因其需求量大、投资少、高回报率等特点，培训市场成为 21 世纪最有发展前途的行业之一。

随着人们教育理念的转变，少年美术教育成为一种美育教育，其目的不再是培养艺术大家，而是培养青少年的艺术美感和想象美、创造美的能力，通过发现美、感受美来陶冶情操，促使其心身健康全面发展。

教育理念的转变必然会促使培训机构寻找新的出路，近些年一批新兴的秉承全面美育而非技法教育的培训班开始火起来，如彩翼原联合创始人创办了 Color，模仿国外机构，除了教授技法，还有博物馆课程、游学、艺术史等其他综合艺术课，主张教孩子审美而不单纯地去画画。中央美院毕业生创办的涂思美育在这方面也已经相当成熟。像这样的机构还有很多：比如新氧生活忆空间、在艺术中行走、小艺术家工作室、阿特黎尔、大麦地、玩美时光等也是博物馆课程或游学机构。这是少儿美术培训机构的未来发展趋势。

从少儿美术到艺考集中培训，美术培训机构日益红火，美术培训老师也成为培训机构互相争抢的资源。据了解，家长对培训机构的认可度关键在师

资，教师资源决定着一个培训机构的兴衰成败。

美术培训行业，门槛低，需求人数较多，只要你具备美术功底就可以到相关培训机构做兼职老师，这也是很多大学生业余兼职的主要途径。但是要想在这个行业长期生存和发展，你需要具备哪些条件呢？

根据孩子所处年龄阶段的不同，培训意图和内容的不同，对美术培训老师的资历、教学要求也不同，具体岗位要求和工作内容详见下表：

青少年美术培训老师岗位要求汇总表

培训类别	学生年龄阶段	教学内容	招聘岗位要求
少年美术培训机构	4~6 岁（启蒙班）	学习点、线、面、几何型、简单型的组合，基本构图，指导画小动物，上色	①美术相关专业专科以上学历； ②有专业从事美术教育及幼儿美术教育相关专业一年以上经验者优先录取； ③具有较强的美术能力，如水粉、素描、色彩、动漫、创意手工等； ④性格外向活泼，喜欢与儿童相处，注重细节、责任心强，有亲和力、真诚相待儿童、家长； ⑤随机应变，可以自如应对课堂突发状况，很强的模仿能力、艺术鉴赏能力、课堂控制能力及应变能力，良好的沟通能力和学习能力； ⑥无不良嗜好身体健康，无传染疾病
	6~8 岁（初级班）	油画棒、初级黑白线描、学习基础色彩，画动物、人物、风景、静物，指导参加儿童画展、比赛	
	8~10 岁（中级班）	线描、儿童手绘 pop 插画、初级水粉画、初级动漫、纸艺	
	10~16 岁（高级班）	几何形体素描、漫画、剪纸	
中学艺考美术培训机构	针对艺术生升高中培训	考级培训、素描静物、素描石膏、素描头像、素描半身像、色彩静物、色彩头像、色彩半身、单人速写、场景速写、命题创作	①美术学、油画、国画、版画，或美术教育，设计类本科以上学历； ②良好的语言表达力及沟通能力，踏实、勤奋、积极、努力； ③人品端正，良好的政治思想觉悟及职业道德素养； ④扎实的美术功底，有专业从事美术教育及考前培训教育相关专业两年及以上经验者优先录取，优秀的教学能力及环境适应能力
高考艺术美术集训班	针对艺术生考大学、考研究生培训	素描静物、素描头像、色彩静物、色彩风景、平面构成、立体构成、速写	

通过上面的介绍，相信大家对艺术培训老师有了比较清晰地了解，随着社会的发展，培训机构也会不断探索新的课程标准和授课模式，以满足人们对美术的时代需求。所谓常学常新，作为一名美术培训老师要不断学习，更新知识，提高自己的专业能力，不断创新，适应新的教学手段和模式，才能不被时代所淘汰。

作为一名服装专业学生，是从万千艺考大军中走出来的人，有着丰富的“被培训”的经验，过硬的美术功底，进入美术培训老师的行业，对你们来说是小菜一碟，但一定规划好自身的未来发展，是成为一名培训机构高管？还是自己创业？选择了这个行业就要在这一行干出点样子。

送给大家一段话，与大家共勉：“现实是残酷的，竞争是激烈的。但生活赐予我们的都是一样多。正视现实，为了你的理想而永不言弃，我们完全可以一步一个脚印地实现我们的梦想；正视现实，为了你的未来永不言弃，我们完全有能力找寻我们向往的领空；正视现实，为了你的成功永不言弃，我们完全可以拥抱辉煌。”现在，张开奋斗的臂膀，去拥抱属于你的辉煌。

成人培训老师

书到用时方恨少，很多人小时候荒废了学业，放弃学习的机会早早地进入社会，有人在工作中跌跌撞撞，遭遇坎坷寻求创业之路；有人因为学历限制苦于晋升无门；有人在渐渐长大的过程中才了解自己究竟喜欢干哪一行。蓦然回首，已经错了最佳的学习深造之路。迫于生计也好，追寻自己所爱也罢，为了弥补自身技能的缺失，很多人选择培训进修。因此，人们把目光纷纷投向了专业培训机构，希望通过这个舞台来实现自己的梦想。

随着社会分工越来越精细化，针对人们对专业技能的需求不同，各类专业培训机构应运而生，服装培训机构成为专业培训机构的重要组成部分。

近年来，各类服装培训机构如日东升，线上线下齐开花。服装培训机构主要满足哪些人的需求呢？

热爱服装行业，零基础想要掌握一门技能，高薪就业或者创业的人；从事过服装行业相关工作，有意提升自身知识，查漏补缺的人；想要向服装设计师、服装制版师、生产管理者、服装设计总监等岗位迈进的人……

因为人们对服装培训的侧重点不同，有的偏向于设计，有的偏向于制版，有的偏向于管理，因此对服装培训老师的要求各不相同。只要你专于一长，精于一行，就可以成为一个成人培训老师，下面来看一下成人培训老师的分类及岗位要求：

服装成人培训老师分类及岗位要求汇总表

<table>
<tr><th>培训类型</th><th>课程设置</th><th>美术培训老师岗位要求</th></tr>
<tr><td>服装设计培训班</td><td>《素描》《速写》《服装效果图技法》《服装设计原理》《立体构成分析》《色彩与图案设计》《服装面料》等</td><td rowspan="5">①服装相关专业，专科及以上学历；
②一年或以上本行业培训授课经验；
③具备较强的相关专业基础；
④富有激情，较强的亲和力和感染力、良好语言表达能力、沟通能力；
⑤ 熟练使用服装制作软件及办公软件，具备较强课程研发能力</td></tr>
<tr><td>服装制版工艺培训班</td><td>《服装量体》《服装材料学》《服装结构设计》《服装缝制工艺》《服装 CAD》等</td></tr>
<tr><td>服装软件设计培训班</td><td>服装设计软件 CDR 课程、服装设计软件 PS 课程、服装设计软件 AI 课程</td></tr>
<tr><td>服装立体裁剪培训班</td><td>服装立体剪裁基础篇、服装立体裁剪礼服篇、服装立体裁剪创意篇等</td></tr>
<tr><td>服装缝纫培训班</td><td>缝纫基础知识、缝制及熨烫基础工艺、服装部件缝制工艺、服装成衣缝制工艺等</td></tr>
</table>

从上表中可以看出，服装培训机构对成人培训老师的学历要求不高，更加注重成人培训老师的实战技能。想要成为一名优秀的成人培训老师，应该做到“三会”。

一是会传授，很多人满腹经纶却不善于表达，这些人可能在学术研究领域胜人一筹，却不一定是合格的成人培训老师。因为，在专业培训机构的进行培训进修的人往往学历水平低，学习能力参差不齐，在授课过程中要把专业理论转化为实践操作，把精深理论由繁化简，通俗易懂，才能让学员真正学到专业技巧。

二是会示范，成人培训老师不同于大学老师，因为高等学校和培训机构的培养目标完全不同，高等学校是培养专业学术型人才，注重理论深造和技能培养；培训机构主要目的就是让学员掌握一门技能，学员可以不懂高深理论，只要能出成品就行。因此，成人培训老师在授课中更加注重学员的练习实操，作为成人培训老师必须要有精湛的实操技能，才会让学员信服，才能提升机构口碑，以吸引更多的人前来培训学习。

三是会创新，服装行业是一个快时尚消费行业，技术的迅猛发展，加速了服装产业的升级，不管是设计、制作还是软件辅助都在不停地更新换代。

服装成人培训老师要紧跟时代前沿，了解服装行业趋势，在课程教学中教授最新设计技巧、缝制方法、制图软件，才能满足学员需求。另外，还要及时研发课程内容、授课模式等，只有紧跟时代，不断创新，才能在激烈的行业竞争中立于不败之地。

所谓台上一分钟，台下十年功，作为一个服装专业的学生，如果你想从事这个职业请从以下方面努力：扎实掌握服装相关的专业知识，练好基本功才能在面试中脱颖而出；利用业余时间以助教的身份去服装培训机构兼职，一方面可以锻炼自己，另一方面更加深入了解这个职业；多参加服装行业比赛，比赛可以提升我们的专业能力，同时也有利于帮助我们发现自己的薄弱环节。

一个不想蹚过小河的人，自然不想远涉重洋。成人培训老师是服装专业学生唾手可得的一个职业，只要你在这个岗位上潜心锻炼，增长经验，以后不管是晋升管理层还是自己当老板，这些经验都是你以后远洋的坚实基础。

公务员

随着高等教育的普及，毕业生人数逐年增多，据有关数据显示：2020 年，我国高校毕业生预计将达到 874 万人，不仅规模最大，而且相比 2019 年增加 40 万人，增幅是 2012 年以来的最大值。就业难是大学生普遍面临的问题。迫于就业压力，很多大学生转战公务员考场，作为自己突围的一条路经。近些年，公务员考试如火如荼，它已经成为一种流行趋势，人数剧增几乎略显疯狂，2012 年最火岗位竞争比达到了 2315 ： 1。公务员考试被形象地称为“国字号第一考”。

什么是公务员？《公务员法》对其进行了明确规定：公务员是依法履行公职、纳入国家行政编制、由国家财政负担工资福利的工作人员。按职位的性质、特点和管理需要，可以划分为综合管理类、专业技术类和行政执法类等职位类别。

为什么引得这么多人为此痴狂？

作为国家公职人员，享受国家福利待遇，旱涝保收，铁饭碗，手中有权，身居高位，这些足以让人们为之趋之若鹜。

作为一个服装专业的学生能上岸吗？

公务员可谓是千里挑一，竞争激烈难如登天，却也不是无机可寻。下面给大家介绍一下报考公务员的小技巧。

1. 不要错过任何一个机会

公务员考试有国家公务员考试和省级公务员考试之分，国考是全国统一组织出题，一般在每年的下半年举行；省考是各省自己组织出题，也有部分省份会联合出题，省考会晚于国考几个月，一般在上半年举行，不管是国考还是省考，题型相同，都是考行测和申论两门课程，但国考较省考出题难度要大，题量要多。在准备公务员考试的时候一定要都参加，千万不要只考国考，或者因为国考难只准备省考。记住，多一次考试，多一次机会，多一次考场锻炼！

2. 报考岗位选择技巧

查阅历年公务员岗位信息，服装专业学生能够报考两类岗位：一是不限专业的岗位；二是服装专业类岗位，如艺术学、服装工程、服装设计类等。不限专业岗位一般报考人数较多，服装专业学生与大类专业竞争本身不占优势，因为服装专业的学生大多数是艺考生，本身学习底子差，学习能力较弱，想要在激烈地角逐中取胜机会渺茫。服装专业类岗位相对来说竞争压力会小很多，因为竞争对手处于同一能力水平，取胜机会会大很多，所以建议大家还是选择有服装专业要求的岗位报考更容易上岸。

3. 服装专业类岗位报考秘籍

从历年公务员岗位需求来看，服装专业岗位较大类专业少很多，所以也不能掉以轻心，设置服装专业岗位一般有国家特殊类服装研发机构、海关、进出口检验检疫局、监狱管理局等部门，其中研发机构招聘较少，偶尔能遇到一两个岗位，不是年年都有；海关、进出口检验检疫部门一般招聘服装设计与工程专业的较多，岗位人数较少。

需求人数越多，获得岗位的机会越大，所以，大家在选择报考岗位的时候尽量选择需求人数多的岗位。另外，经过这么多年的经验发现，南方地区公务员考试比北方地区公务员考试竞争力要小，偏远地区比经济发达地区竞争力要小，所以，在选择报考岗位的时候，大家一定要有所取舍。

4. 考试准备讲方法

公务员考试分为笔试和面试两部分，笔试主要考行测和申论，行测是行政职业能力测验的简称，有人说："得行测者得天下"，足见行测之难。行测的题型主要分为五个部分：常识判断、言语理解与表达、判断推理、数量关系、资料分析，这五部分又细分为不同的题型，但归根结底行测主要考察应试者的数学运算、逻辑判断和言语理解三大能力。另外，行测题目较多，平均 40 秒一个题才能在考试时间内完成全部答题，因此除了应试能力之外，快速反应能力也很关键。申论包括归纳概括、分析认识、应用文写作、文章写作四种题型，主要考察应试者阅读理解、贯彻执行、文字表达、解决问题四大能力。

说到面试，能够在几百万考生中脱颖而出的一定是精英了，可谓是千军万马过独木桥。面试题型有组织管理类、应急应变类、综合分析类、人际沟通类、自我认知类五种类型，面试方式包括结构化面试和无领导小组讨论两种。

结构面试是一种传统的面试方式，一个考生对多个考官，考题 3~4 个，往往会糅合上面五种题型；无领导小组讨论是多个考生一起面试，一般是 6~8 个，也有多个考官旁观，要求考生在规定时间内解决一个大问题，一般是 40~60 分钟。不管是哪种方式，都是在考察应试者的组织管理、反应应变、综合分析、沟通交流、口头表达、自我控制等方面的能力。

近年来，公考大军滋养了一大批公务员辅导机构的崛起，中公教育、华图教育、粉笔等辅导机构盛行，现在考公人员几乎个个报辅导班，不报好像就输在了起跑线一样。辅导班可能会给大家系统梳理一下考点知识，教大家一些做题技巧，给大家提供一些面试经验和锻炼，但不要过分盲目迷信辅导班，有时候陷入答题套路或者答案千篇一律，会限制个人能力水平的发挥。因此，要学会取其精华，弃其糟粕，学会取舍。不管是自学还是参加辅导班

培训，成功的关键在于勤奋努力、坚持到底。

公考路上多心酸，万千感慨独自知。一步登天的有之，屡败屡战的有之，心灰意冷的有之……考场是对一个人知识技能和心理素质的考验，是对一个人意志的考验，经受得住这些考验，你才能淬火成钢。

第五章　创业篇

一技一闯成霸业

时尚博主

大家有没有过这样的经历？偷用过妈妈的口红，结果把自己涂成了血盆大口；偷穿过妈妈的高跟鞋，结果刚一迈脚就摔倒在地；满心欢喜地看着妈妈衣柜里那些漂亮的衣服，想着自己什么时候才能长大穿上它们。其实，每个女生心底，从小就住着一颗爱美之心。

随着数字经济的发展，催生了许多新业态，有一种新业态激活了人们心底爱美的欲望，满足了人们对美的向往，这就是时尚博主。

什么是时尚博主？时尚博主是在博客或者微博中对时尚发表自己独特见解和诠释的人。时尚博主，和我们原来所说的“时尚偶像”不同，他们不是国际明星，也不是世界名模，他们可能只是平凡生活中的一个普通人。他们没有九头身，也没有黄金比例，但他们对时尚穿搭有自己的看法、态度和风格。他们喜欢通过微博、网站等形式分享自己对时尚、潮流、穿搭的想法。他们就是“平民公主梦”和“平民王子梦”的缔造者。

时尚博主是如何发展起来的呢？

最早的时尚博主是以 Bryan Boy 和 Susie Lau 为代表，那时候人们还喜欢用博客，那时候的博主们喜欢用博客记录自己日常穿着打扮，当时 Bryan Boy 走的是女装男穿和奇装异服的路线，而 Susie Lau 则是打破常规的混搭方法，他们的搭配引起了大众和媒体的注意，同时也给设计师们带来了不少新的灵感，他们的行为对当时时尚界产生了前所未有的颠覆，时尚变成了普通人也可以参与的东西。

微博流行以后，中国的时尚博主也越来越多，时尚博主们每天所记录的内容也越来越丰富，他们不仅仅记录日常的穿搭、对近期潮流的看法，他们还会分享自己的日常生活，引领一种新的生活态度和生活方式，深受大家的喜欢和追捧。

时尚博主是一份光鲜亮丽的职业，是很多人梦寐以求的职业，下面我们来介绍一下成为一名时尚博主的 5W1H 原则。

1. Who——告诉别人你是谁

在微博上，如果你想要在众多博主中脱颖而出，就需要给自己贴一个响亮的标签。这个标签是为了让不了解你的人，用最短的时间认识你。在取名时，尽量结合自身特色和定位人群来命名。在定位上，要充分挖掘自身优势，做到与众不同。只有不一样才能不被芸芸众生所替代。

2. Why——为什么选择这个

对于服装专业学生来说，做时尚博主是我们的优势，我们懂得穿搭技巧、能够自己动手改制衣服，能够为大家普及服饰的相关专业知识，可以为人们提供更好的指导。同时可以和别人分享自己的日常穿搭，记录美好的日常点滴，培养自身的审美能力和穿搭能力，从而获得自身价值。除此以外，我们还可以获得客观的收入。只有明确这些，我们才能在这个行业坚持下去。

3. What——创作什么内容

作为服装专业人士，分享穿搭这是毫无疑问的，但是怎么能在众多同行中脱颖而出就是个难题，但是一定要记住分享别人没有而你却拥有的东西，或者大家都有，但是在你这里更专业，更准确，更有深度的内容。记住，你所发表的内容要既吸引人、又实用。

在更博时，我们会上传一些图片、文字和视频，期初，你的素材可能是从网站找来的，但这不是长久之计，你必须要有自己的东西，这就需要你掌握一些拍照技能和视频录制及后期处理的技术。总而言之，要有自己独特的创作内容才是王道。

4. How——如何创作内容及推广

对于内容的创作，相信对于刚毕业的学生来说没有机会接触大量品类的服饰，没有拍摄的素材，我们只能借鉴素材，从哪里能够找素材呢？从淘宝、微商、小红书等网购当季流行款式，结合自身条件浏览时尚领域公众号 /

明星穿搭博主穿搭；学一些后期处理的软件，如 PS、Facetune2、PicsArt、VSCO、Snapseed、Videoleap、剪映、Wecol；搜集一些比较成功博主的图片，学习拍摄技巧。此外，还要经常浏览各个平台自己喜欢的内容，刷到自己感兴趣的，收藏起来整理成自己也可以借鉴输出的内容，成为自己的“资料库”。

对于微博推广，要掌握一些小技巧。从目前来看，短视频阅读量要高于图文阅读量，因为观看图文不需要点击进入只看缩略图即可，视频必须点击才能看到里面的内容，但是不管哪种形式内容质量最重要。此外，内容要更新及时，只有持续不断地推出优质内容才能增加曝光量。

5. When——什么时候发布

根据人们的生活习惯，尽量选择在人们工作之余，浏览网站的休闲时间发布作品，这些时间获得的点击率会高很多，按照经验，黄金时间段是中午 12—1 点，下午 8—10 点。

6. Where——在哪个平台发布

不同的平台，用户关注的内容侧重点不同。如在微博和小红书平台发布穿搭内容效果是截然不同的。因此，要根据自己的内容特点选择合适的发布平台，找到自己的发展方向。

此外，在碎片化时代，粉丝很容易忘记你。作为一个草根博主，要懂得维系粉丝，注重日常细节，及时更博互动，解答穿搭问题，时刻保持自己的存在感。

相信，现在你已经对时尚博主有了更深的认识，想要成为一个时尚博主从以下方面努力吧！多看一些时尚杂志，多刷微信公众号、微博、小红书、豆瓣等时尚达人的穿搭技巧，提高自己的审美能力和穿搭技能；多学一些拍照技能和图片、视频后期制作剪辑技能；多读书增强自己的文学素养；多写软文提高自己的文字水平；多做记录多表达，锻炼自己的表达能力。

古人云：天国是努力进入的。只有当勉为其难地一步步向它走去的时候，才必须勉为其难地一步步走下去，才必须勉为其难地去达到它。时尚博主是一个如此令人神往的“天国”，让我们向着它出发！

服装微商

在移动互联网时代，微商作为以人为中心，以社交为纽带，借助社会化工具，有温度的新兴业态迅速崛起。据了解：微商从业人数每年以千万级别在增长，2016 年从业人数已突破 3000 万，平均每 50 个人里，就有一个人做微商。在这个新业态的催生下，企业纷纷转型升级，大众创业如火如荼。

微商是一个不甘平庸的行业，在短短几年里创造了无数的销售神话。企业因其一夜暴富：韩束进军微商 8 个月创造了 18 亿元的销售传奇；立白净博士进军微商 1 天创造了 2 亿元的营销奇迹；三草两木从进军微商从 0 到 20 亿元，雄霸美妆微商。草根因其各领风骚，一个人，一部手机，一个圈子构成了一个创业大舞台，他们大胆敏锐，敢于尝试，勇于行动，商业点子爆棚。微信卖栗米，三个月进账 200 万元；“水果哥”凭借微信月入 4 万元；80 后美女微信卖面膜，月销售额轻松 50 万元；“微商妈妈”华丽变身。这些成功案例一次次印证了微商是实现企业转型升级、大众创新创业的不二选择。

微商以投资小、门槛低、易操作、不受时空限制、信息裂变辐射广、高回报率等优势条件，作为一匹黑马，从电商的千军万马中杀出重围，吸引职员、老师、学生、公务员、宝妈、传统个体、电商、企业等纷纷加入微商创业浪潮，创造着一个个“我不能让你一夜暴富，但能让你躺着月入千元”的奇迹。

微商是一个充满机遇的行业，也是一个弱肉强食的行业，它具有马太效应：强者愈强、弱者愈弱。在这里，有人成功欢呼雀跃，有人失败沮丧离场。作为一个无经验无资本无产品的“三无”大学生，想要创业还必须要有资源，

有哪些资源呢？资源包括货源、销售模式及客源，下面介绍服装微商创业资源获取的几个小技巧。

1. 销售模式选择

正如前面所说，微商是一种很好的创业模式。按照平台载体划分，微商可以分为公众号 B2C 模式和朋友圈 C2C 模式两种；按照销售类型划分，可以分为代理模式、直营模式、分销模式。为了帮助大家正确选择销售模式，下面按照第二种模式划分方式进行介绍。

（1）代理模式

代理模式就是做企业的代理商，想要成为代理商你必须投入一定资金购置相当数量的产品。作为代理，你可以把产品直接卖给终端消费者，也可以招代理赚取产品差价，这要视你的代理级别而定。服装经销商就属于代理模式。

代理可以分为总代、一级代理、二级代理……因受产品利润空间的限制，一般到三级代理就会停止。代理就是赚取产品差价，代理等级越高，产品利润空间就越大，也更容易招募下级代理。对于新手而言，加入代理团队可以快速成长进步。

（2）直营模式

与代理模式相反的是直营模式。直营模式就是直接卖家到顾客。一般直营模式要建立公众号等，想办法获得粉丝，从而实现销售。这种模式对于普通产品销售不占优势，往往青睐于特殊品类的销售，如服装高级成衣定制服务，进行研发新品的宣传等，因为这类服饰比较受到中产阶级和明星的追捧，通过微信方便维护客户关系和进行口口相传。

（3）分销模式

微商分销模式是指品牌分销。商家直接为你提供产品数据包让你放在朋友圈等平台上，通过为商家卖货赚取提成。与代理模式不同的是，这种模式投入资金少，商品可由供应商一件代发，不用购入大量的产品，没有库存压力，避免了滞销的风险。

三种模式各有利弊，要根据自身情况进行选择。从成功案例来看，大部分微商都会选择代理模式，代理微商更容易出成绩。正如一句话：“目前做微商，就是在招商，仅此而已！”

2. 货源选择

服装微商货源渠道多且杂，要进行充分的市场调研，选择款式新颖，质量有保障的优质商家合作，下面分享几种货源渠道。

（1）服装批发市场

服装批发市场主要是大众化批量生产的服装，往往是快时尚的杂牌较多，比如义乌、大红门、十三行、四季青、UUS 等，一般是五件起批，批量越大价格越实惠。

优点：可以看到产品品质，比较放心；适合快时尚的产品，拿货价格较低，受众较多。

缺点：经常跑市场，来回成本高，不方便，容易压货；货品质量参差不齐，难以保证质量，档次较低。

（2）服装买手

服装买手是专门为卖家提高货源的专业人员，类似代购，他们常年在全国各地奔波，寻求流行服装提供给卖家，从中间赚取差价。

优点：节省人力、物力、时间成本等，款式多样，跟随流行，符合大众审美需求。

缺点：缺乏品质保障，因很多服装买手从批发市场拿货，产品质量难以保证。

（3）商家代理

商家代理可以是层级代理商也可以是分销商，通过自己的微信朋友圈或者公众号招募下一级代理或者直接销售商品。

优点：这种方式成本低，操作简单，容易上手，赚取提成。

缺点：商家提供的产品资料，大多经过了技术处理，对产品品质难以把控，容易产生售后纠纷。

3. 客户引流

做微商，提高收入最快的办法就是增加客流量，把产品卖给更多的人，引流是微商成败的重要环节。有人说：做微商要先从亲戚朋友下手，或者是不放过任何机会，主动加好友来获得粉丝量，再有通过网红、贴吧、论坛、

网页等推广花钱买粉丝，这些都是错误引流方式。引流不是粉丝多就够了，关键是要看精准粉的数量。下面分享几种有效的客户引流方式。

（1）广告宣传单

借助做生意的亲戚朋友的人脉资源，请他们帮忙发放宣传单，或者制作成笔、本子、台历等小物件在路边广撒网，免费发给合适的人群，用这种方法可以找来很多优质客源。

（2）交流群互动

多加入一些有客源潜质的QQ、微信等交流群，在群里解答别人的疑问，获取别人的信任，别人也会主动与你联系交流，这个办法转化率也很高。

（3）微信圈转发

发挥朋友圈、微信群的力量进行转发，给大家发互动红包或者一些吸引人关注的小资料，这种方法有个前提条件，那就是你得有一定的客源基础。

（4）优质软文分享

充分利用小红书、豆瓣、微博等平台，发些高质量的软文，给大家提供一些参考帮助，通过这种方式容易获得别人的好感，取得别人的信任。

（5）发布抖音视频

现在，随着人们进入“微”时代，很多人闲暇之余喜欢浏览微视频，在抖音、快手上发一些内容丰富、质量较高的自家衣服穿搭小视频，对客源会有一定吸引力。

总之记住一句话：客户去哪里，微商就去哪里！

4. 客源维护

引流是保证客源的第一步，想要提高销量，客源关系维护是关键，下面分享几个小技巧。

（1）明确自身定位

一个成功的微商必须有清晰的自身定位，知道我是谁？我的优势是什么？我能给我的顾客带来什么价值？只有认清自己才能更好地为顾客服务，用自身优势牢牢锁住顾客。

（2）注重日常交往

生活需要仪式感，你与顾客之间不单单是利益关系，更多的应该是相互信任的朋友，在重要的时间节点，如生日、节日、纪念日实施优惠活动，为其送上祝福，拉近彼此的距离，升华感情。

（3）以诚相待，真心待人

所谓浇树要浇根，交人要交心。卖任何产品都不要太功利，卖产品一定要用质量说话，不要夸大其词，遇到产品问题及时处理。想要打开客户的钱包先要打开客户心扉，赢得顾客信任才是王道，这样才能留住回头客。

牢记微商法则：以内容为王，以服务为主，以粉丝为核心。

服装专业大学生是具有高学历、高素质的知识性人才，作为网络原居民，信息技术的新生代，敢于尝试新事物，富有商业头脑，微商是你们创新创业的极佳选择。

世界上所有的狼狈都是长时间的散漫积累，所有的精彩人生都是长时间的努力累积。微商是一个让你厚积薄发的历程，它可以帮助你实现精彩的人生。

淘宝网店

近几年，由于线下实体店难做，很多人转战线上开淘宝店，淘宝店铺已经到了白热化阶段，现在产品同质化严重，通过搜索引擎随便搜索一个产品，马上有成千上万的宝贝出现在你面前，其中几百个长得一模一样，对于中小卖家来说，竞争压力非常大。大家都在吐槽淘宝店越来越难干了，已经不是交 1000 元保障金就可以赚钱的时代了。

尽管面对如此激烈的竞争，但不可否认淘宝作为最大的电商平台还是引得很多人为之趋之若鹜。据有关数据显示：2020 年有 20 万大学生在淘宝开店，他们大多为 95 后，有的是在校学生想赚点生活费；有的刚毕业没找到合适的工作，趁着年轻在淘宝创一份事业。特别是疫情以来，每天有 4 万人涌入淘宝创业，而这些店主的平均年龄只有 25 岁。做直播、发短视频、3D 购物……越来越丰富的淘宝，帮助这些年轻人找到了最好自我展示的方式。

年轻人思维敏捷，敢想敢干，点子较多。据报道：在 2020 年造物节上，150 多个淘宝店主和粉丝展开了一次盛大的狂欢。史上第一款会发光的汉服，穿上它，白天当温婉淑女，晚上在霓虹灯和舞曲中蹦迪；给猫喝的奶茶，当不少人在买一杯 30 元钱的奶茶都会犹豫的时候，猫已经喝上了超奢华鱼子酱奶茶；一把名为“四海五壶”的紫砂茶漏，将江南水乡和西班牙红墙凿在一起，让两个颠倒的世界相连。这些新创意引来了无数粉丝为之欢呼雀跃，让他们在夹缝中实现了自我价值。由此可见，要想在淘宝求生存，必须要与众不同。

作为一个新手，如何在淘宝开店呢？

1. 注册店铺

在淘宝开店第一步就是要注册店铺，这个从淘宝首页就可以看到，点击注册按照说明流程完成支付宝认证和实名认证就 OK 了，完成后你就可以开店了，这一步非常简单。

2. 店铺定位

想要开一个淘宝店铺，店铺定位非常关键，掌握着店铺的命脉。店铺定位包括三方面的内容。

（1）产品定位

我们在正式开店之前，要进行市场调研，结合自身的资源，确定你想要经营的产品。正如前面所讲，现在的人们不再喜欢俗套的东西，更喜欢打破陈规，追求个性和立异，走不同凡响之路，才能脱颖而出。作为服装专业学生，服饰产品是我们的首选，但我们要找特色产品，找别人没有的东西或者现实买不到的东西，如个性设计，私人定制等，这样才能细水长流。

（2）风格定位

你想走淑女风还是休闲风，你的产品风格一定要明确，如果风格杂乱会使买家的购物体验大打折扣，给人以杂货店的感觉，让人觉得掉价。风格统一的店铺给人以规范、整洁的感觉，让人觉得比较正规，给人留下好的第一印象。

（3）消费群体定位

开设店铺你要考虑面向的消费群体是谁？是男性还是女性？年龄段是什么？消费能力怎么样？这些需要我们查阅有关数据，了解淘宝网的消费群体，将服务对象目标化。如目标群体定位在在校学生，他们大多赶时尚，赶潮流，赶热闹，但是大部分手头并不宽裕，所以就要物美价廉一点；目标群体是白领，价格方面可以定得略微高一些，但货品要有特色，送货要及时等。只有定位了自己的消费群体，才会有明确的方向，才不会不知所措。

3. 店铺装修

店铺装修有利于让买家自身对店内产品有一个清晰地了解；给卖家提供更便捷的服务，简单快速地找到自己需要的产品；促使买家下单，提高转化率。

店铺装修是简约大方还是炫目奢华要根据店铺的定位、风格进行确定。

店铺装修主要包括全屏海报、宝贝分类、图片轮播、宝贝推荐、搜索框以及旺旺客服模板、店铺收藏链接，店铺音乐等。你可以选择从模板市场购买也可以自己进行设计，当然如果有条件还是根据自己的意愿进行独创设计，这样可以突出店面风格，确保店铺整体的和谐度。

4. 寻找货源

有了店铺定位就有了目标，接下来我们要寻找适合的宝贝了，我们可以通过以下途径找到适合的货品。

（1）网上采购平台

网上采购是当下比较流行的一种采购方式，比较省事省力，货源较多，当前全国最大的网上采购批发平台是阿里巴巴，货源丰富，可选择的空间大。但是货品质量参差不齐，鱼龙混杂，一定要谨慎选择。

（2）批发市场或厂家进货

有条件可以去当地的批发市场或者去一些比较有名、质量好的批发市场进货。当然，如果能在当地找到合适的厂商，也是不错的选择。亲眼看到、摸到的实物比较让人放心。挑货的时候一定要货比三家，多看、多听、多问、多想，不要轻易地做决定。

（3）品牌代理或经销商

很多新手都是从这一类做起的，这种方式相对来说比较简单，如一件代发，这种不需要压货，从厂家直接发货，从中赚取提成，这种比较适合无资金、无资源、无人脉的新手卖家，创业风险相对较小。但是注意尽量和大品牌合作，宝贝质量和售后服务有保障。

（4）自创货源

对于有自创能力的卖家，自创货源是最好的选择。服装专业学生在这方面占据很大优势，正如前面所说，创意是制胜的法宝，根据自己爱好进行创意服装设计、制作、销售，是最容易打开市场的方式。

5. 营销推广

淘宝店铺的营销推广方式较多，一般分为站内推广和站外推广两种途径。

（1）站内推广

①淘宝搜索

利用淘宝搜索的流量特点，做好淘宝搜索引擎、橱窗位、宝贝标题、关键词、宝贝上下架时间设置等，优化店铺的设置，提高产品排名，帮助店铺引流。

②店铺促销活动

店铺要做好促销活动策划，提高店铺流量。常见的店铺促销活动有：抽奖、买家秀、优惠券、折扣、淘金币、套餐搭配、满就送、抢红包等。此外，利用 38 女王节、618 年中大促、双十一、双十二、年货节等节日活动做好店铺的营销推广，可以给店铺带来大量的流量。

③官方活动促销

淘宝官方的活动有很多，如聚划算、天天特价、阿里试用、每日一抢、限时特价、一分钱购物等，通过参加官方活动，使店铺在淘宝网获得一个较好的广告展位，能够带来很好的流量。

④淘宝联盟

淘宝联盟是一个官方的推广渠道，是指相同产品名称下，自家产品会展示在别人的店铺产品系统里，这样可以增加自己产品的曝光度，起到巨大的引流作用。

⑤淘宝付费推广

如果想要好的推广效果，可以参加一些官方付费的推广平台，比如淘宝客、直通车、钻展等，这些可以实现短时间内流量剧增。

（2）站外推广

站外推广是指通过论坛、社区、微博、微信、QQ 等社交平台进行推广引流，将自己店铺的链接发布到上述交流平台，提高店铺链接的点击量，这是一个非常好的免费推广引流渠道。

当然，除了这些以外，还要熟悉宝贝发布、上下架等管理业务，懂得宝贝拍照和修图技术；掌握淘宝规则、客户咨询技巧；做好退换货服务、物流服务等。总之，想要开店还有很多东西等着你学习。

说到这里，你是不是已经蠢蠢欲动了，那就行动起来吧！记住，学习可以提升你的驾驭能力；刻苦可以锻炼你的意志；吃苦可以让你塑造未来；乐观可以让你善待现状；提高可以让你燃烧激情。带着你的激情，踏上你的电商创业之路吧！

服装工作室

每一个学服装设计的女生都梦想有一个属于自己的工作室，一间宽敞明亮的小房子，一个人台模特，一台缝纫机，一匹素布，一把剪刀，一些充满灵感激发创作的图纸，一批堆积层叠的纸样裁片，一件美妙服装诞生的地方。

什么是服装工作室？

服装工作室的出现，最早是由一些资深服装设计师成立的。他们从专业学校毕业以后，在较大服装企业工作数年，积累了丰富的经验，待时机成熟后创办自己的服装工作室，为一些缺少设计能力的小型企业设计服装，从中赚取设计费。在国内，其最早兴起应该是从女装发达的广东虎门开始。现在，服装工作室已经在上海、杭州等服装产业发达地区流行开来，上升势头明显，数量也是越来越多。

随着服装工作室发展演变，服装工作室以不再局限于为企业提供设计服务，因其工作内容的不同，出现了越来越精细化的分工，具体可以分为以下七种类型：

（1）设计工作室：这是服装工作室的最初级形态，其功能是为企业设计服装图，并提供样品。

（2）设计版样工作室：除了完成设计图、样品外，还有样板师为企业提供生产所需的全套样板。

（3）私人定制工作室：根据客户需求，为客户量体裁衣，设计定制各类服装，包括生活装、职业装、晚礼服、宴会装、婚纱等个性化服装，满足客户特殊需求。

（4）专业服装工作室：由专业设计人员为特定群体设计制作商务、文艺演出及比赛服。包括：国标舞服装、拉丁舞服装、民族舞蹈服装、仪仗队服装、学校校服、体育比赛及训练服装、职业装等。

（5）设计咨询工作室：为各类服装企业和纺织品企业设计品牌形象，提供技术咨询。

（6）漫画视觉工作室：主要进行动漫、视觉、游戏服装和道具的设计与制作。

（7）综合服装工作室：这是一个服装公司的雏形。

作为一个刚毕业的大学生，没有资金、没有人脉、没有客源，如何成立一个服装工作室呢？往往他们都是从个性化成衣设计、销售做起的，下面介绍一下成立服装工作室的要素。

1. 团队资源

一个服装小型工作室，团队成员组成相对简单，一个服装设计师，一个营销员，一个样衣工足以，他们可以是你志趣相投的伙伴，也可以是你专业求学路上的朋友，但是对于团队要求却很高，这个团队不仅要有服装设计、制作方面的专业知识和技能，还要懂团队管理和工作室的运营。

2. 资金准备

在二、三线城市成立一个小型服装工作室，需要 2~3 万元的资金，下面是具体投资清单：

（1）一套两室一厅的工作室场地，租金约 2000~3000 元；

（2）电脑一台，4000~5000 元；

（3）平缝机 1~3 台，约 6000 元；

（4）办公设备，3000~5000 元；

（5）展示道具及装修，5000~8000 元；

（6）其他设备，约 1000 元。

3. 服装工作室定位

有了人力和财力资源，在成立服装工作室之前，要对服装工作室进行定位，要考虑你的成衣设计风格是什么？你的目标客户是谁？走高端路线还是普通大众路线？要对服装工作室有清晰的定位，并给自己的服装工作室起一

个朗朗上口的名字。

4. 市场调研

有了目标，你要进行市场调研，了解你的目标客户需求喜好特点，分析你的竞争对手情况，分析自己的优势和特色，找到进入市场的突破口，这样才不至于无功而返。

5. 选址

一个服装工作室不需要很大，50 平方米左右即可。大多数个人服装工作室成立初期都会选择在一个写字楼租两间房子，一间用于设计、制作；一间用于做样衣间，但要注意装修风格要与你的服装工作室定位相符。切记，选址一定要在交通便利，人流量较多的市中心繁华地段，切勿为了节约租金选择偏僻的郊区。

6. 引流推广

引流推广主要有线下和线上两种形式，下面介绍两种形式的引流技巧：

（1）线下引流

①家人朋友推荐。这是一种简单快速且成交率高的引流方式，因为朋友推荐的客人会更信任你，熟人介绍就直接省掉了观望环节，只要看中，价格适当就会下手，如果你身边亲戚朋友较多可以试试这个方法。

②发传单。这是一个辛苦但要坚持的方式，因为工作地点的原因，服装工作室不做宣传往往很难被人知晓，工作闲暇之余在附近人流量多的地方发发传单，可以吸引一部分顾客。据统计，发传单获得顾客的概率在 6% 左右，这也是客户引流的一种好方法。

③送礼物加微信群。这是一种简单粗暴但需要成本的方式，创业初期要舍得投入才有回报，选择一些成本适中的小礼物赠送给别人，拉近与别人的距离，邀请其加入微信群，从群里发布设计作品，实现客户引流。

（2）线上引流

①网店促销活动。在淘宝网开设淘宝店铺，进行网上销售，借助淘宝网的活动和店铺活动进行促销推广，增加流量，扩大销量。

②借助微信宣传。通过微信朋友圈发布设计产品简介，利用公众号进行推广宣传，建立微信群扩大销路，微信是一个非常适合个人服装工作室产品

发布的平台，因为它便于维护特殊客户群体并进行口口相传。

③利用抖音推广。利用抖音拍摄视频广告的形式提升服装工作室品牌知名度，或者通过抖音直播带货，也可以投付费广告。

以上都是一些投资少，简单实用的引流方式，你get到了吗？

今天很残酷，明天更残酷，后天会很美好，但绝大多数人都死在明天晚上，看不到后天的太阳，创业是一个艰辛的历程，在这个过程中要耐得住寂寞，耐得住诱惑，耐得住压力，坚持到底，才能拥抱太阳。

服装专卖店

近年来，服装行业一直因为永不过时、门槛低、赚钱快，得到很多个体创业者的青睐。随着人们生活水平的提高，人们对穿衣打扮更加讲究，服装专卖店尽管受到电商的冲击，但因其具有直观性、可接触性、体验性等优势，不可能被电商取代。因此，还是吸引了很多创业人士进入这个行业。

很多毕业的学生，有的因为对时尚的热爱，有的因为就业压力所迫，有的因为有合适的资源……他们有着时尚的嗅觉、独到的眼光、管理的头脑，在激烈的竞争中绽放异彩。

或许开店的想法已经在你脑中徘徊已久，苦于无从下手而没有实践行动，下面带你看一下如何开店。

1. 自我评估

自我评估就是对自身资源进行评估，包括自身优势、货品资源、资金支持等方面，对于服装专业的学生来说，本身就对服装行业有基本地了解，加上自己精通于设计、制作、营销管理知识和技能，可谓是半个内行人，这本身就是开店的一大优势；关于货品方面，考虑一下自己身边有没有亲戚朋友或者厂家为你提供可靠的货品资源，如果有这方面的资源，你会事半功倍；关于资金方面，要看你所在的城市、开店地段、货源档次、装修成本以及人工费用而定。如在二、三线城市开一家 50 平方米的服装专卖店，销售中等档次服装，需要准备 20 万元左右的资金。而且，往往品牌加盟比自主经营投资略高，因为品牌加盟需要缴纳一定的品牌加盟费。

2. 店铺定位

根据自我评估，你的店铺要自我经营还是品牌加盟？什么风格？什么档次？什么价位？针对哪些消费群体？相信，你心中已经有明确的定位。而且，要给自己的店铺起一个响当当的名字，取名时注意一定要有自己的特色和内涵，要独一无二，要简单大方朗朗上口，便于客户记忆。

3. 市场分析

明确了店铺定位，下一步要做市场调研，包括产品调研和消费者调研。关于产品，可以从网上调查同类产品的销量，选择最畅销的产品下手；关于消费群体，你要到服装市场集中地进行实地考察，看一下你选中的产品一般什么人购买，集中在什么年龄阶段，做到心中有数。

4. 店铺选址

店铺选址要根据服装档次而定，如果是普通大众型，价位适中的衣服，最好选在服装专卖店集中的地方，例如服装市场或是靠近商场的地方，这样不仅客流量大，而且客源也好掌握；如果是高档服装专卖店，最好开在繁华的大型商场、步行街，选择客流量多的繁华地段。店铺选址直接关系店铺的日后运营，所以一定要谨慎选择。

5. 店面装修

店面装修要根据产品风格和类型而定，店面是店铺的“脸”，第一印象至关重要。如果你的消费对象是青少年女性，店面要装扮得可爱、俏皮一些；如果是针对上班族，就要装修得正式、庄重一些。这样，才能和顾客的品味、衣着习惯相吻合。

6. 货品选择

选货一定要选择质量可靠的货品，要多看、多转，做到货比三家。进货要关注产品的样式、面料、价格及流行。一般样式新、面料好、价格低、符合流行趋势的服装会比较畅销。此外，进货要适量，避免滞销。近年来，由于服装专卖店越开越多，竞争日益激烈，许多服装专卖店改为代销模式，进货时先付一部分定金，卖完后再结账，卖不完可拿回厂家换新货，经营灵活，利润虽比购销低一点，但规避了滞销的风险。

7. 店铺陈列

店铺陈列是一种无声的推销员。好的陈列可以引用顾客的眼球，让顾客驻足。如何做店面陈列，注意以下原则。

（1）同颜色搭配。同颜色系的衣服放在一起会给人很舒服的感觉，但注意同颜色搭配中不要同样款式、同样长短的放在一起，会让人感觉像仓库。

（2）对比色搭配。用冷色来烘托暖色，如用绿色衣服衬托红色衣服，用蓝色衣服衬托黄色衣服，摆放在一个地方，不能让冷色和暖色各占50%，最好是3 ：7左右的比例较合适。

（3）合理利用活跃区。所谓活跃区就是面对人流方向首先最容易看到的区域，反之为禁区。要把自己主推的款放在活跃区，把另外的款放在禁区，这样能够大大提升销量。

（4）合理利用模特。卖场的营业员就是鲜活的优质模特，她们穿哪个款就会卖哪个款，这是减少库存的好办法；

（5）卖场陈列要有节奏感。不要把色系分得太死板，卖场一边是冷色，另一边是暖色太不协调，要有节奏感，就像音乐一样。

8. 开业宣传

一切准备就绪后就要正式营业了。营业当天为招徕顾客，可以办一些打折、赠品及抽奖等促销活动吸引客流量，同时在周边小区散发一些宣传单增加关注度。宣传时一定要突出店铺优势和产品特色，增加顾客的好感度。

很多人感慨什么是成功？我认为：对于初创者而言，能够把店顺利开起来，把开业活动办好就是成功；对于服装新人而言，能够把店铺打理得井井有条，积累一批顾客就是成功；对于服装老手而言，能够设计一场销售活动，做出预期的效果就是成功。

很多人都梦想自己创业当老板，其实老板是这个世界上风险最高的职业，如果你要选择这个职业，一定要缜密思考，精心筹划，这样才容易存活。活下来才有可能赢，才有可能一步步达到自己人生的目标。

艺术培训机构

近年来，培训机构市场规模日益壮大，并呈上升趋势，培训市场的办学主体由最初的学校和行业企业办班，逐步扩大到社会、培训企业及个人办学。同时，随着外资企业不断进入中国市场，以及留学人数的不断攀升，众多外资培训机构也陆续进入中国，与国内大大小小的培训机构展开激烈的竞争。教育培训行业已经受到越来越多人们的关注，被认为是21世纪最朝阳产业之一。

面对激烈的就业压力，服装专业很多学生选择了自主创业，他们把目标锁定在了教育培训行业，因为服装专业学生大多数都是美术和舞蹈艺考生，在艺考过程中他们都和这些培训机构有过“亲密”接触，对这个行业有深入的了解；另外，大学的学习经历，使他们兼具美术（舞蹈）与服装的专业功底，因此在自主创业中有了更多的选择权，可以选择美术（舞蹈）培训机构，也可以选择服装培训机构。

不管是选择哪种类型的培训机构，创业之路殊途同归。想要成功创办一个培训机构就要解决以下问题：我的优势是什么？我有哪些资源？我的师资专业能力怎么样？我的课程对于家长和孩子有没有吸引力？创业之初，我如何能够在本地迅速提高品牌知名度？下面带着这些问题，我们来看一下艺术培训机构的创办要素。

1. 机构品牌定位

随着培训行业竞争愈演愈烈，艺术培训机构面临的压力越来越大，其中一个很大的原因在于培训行业同质化现象越来越明显，这种同质化不仅表现

在培训班之间，也表现在品牌之间。它们的教学方法、教学模式、教学内容大同小异，在培训市场可有可无。因此，艺术培训机构必须有明确的定位，有自己鲜明的特色优势，这样才不会被别人随意取代。

2. 创业资金准备

创业者创办自主品牌的培训机构，这种门店一般开设规模较小，适合年轻人初次创业，门店租赁和装修费用三万元左右，设备采购费用两万元左右，另外，还需要一万元左右的宣传费用，所以创办一家这样的艺术培训机构需要六万元左右的资金准备。

如果选择开设加盟店，一个中等品牌的加盟费在两万到三万元之间，其他租赁、装修、设备采购费用与自主经营基本相同，因为品牌的影响力，不需要另外进行品牌宣传，所以开设加盟店一般需要七到八万元资金支持。

3. 选择创办形式

正如在创业资金中提到的，开设艺术培训机构可以选择自主品牌创业，也可以选择加盟品牌创业，下面介绍一下这两种形式的优缺点。

（1）自主品牌创业。自主品牌创业就是从店面选址、装修到后期的经营管理全是创业者自己或者和合作伙伴一起进行。其优点是创业者可以自己进行全程把控，可以按照自己的想法进行创业，享有充分的自主权；缺点是大部分自主创业者往往因缺少市场、宣传等方面的经验，投资风险较大，容易导致入不敷出，造成创业失败。

（2）加盟品牌创业。加盟品牌创业是指根据创业者的加盟需求挑选合适的加盟品牌，通过加盟品牌总部考核之后获得加盟资格，并在总部指导下开设加盟店的形式。其优点是加盟全程及后期运营会得到总部的指导和协助，具有投资风险低、成本小、保障性高等优点；缺点是需要服从总部管理，遵从总部的各项促销活动及政策宣传，不能独立行使自主权。

对于毫无经验的新手来说，想在短时间内做大做好，选择加盟比较好，尽管投资略多，但是保障高，且在后期的经营管理、师资培训、招生等方面可以得到总部的扶持，可以更加轻松地走上创业之路。

4. 取得营业资格

开设艺术培训机构需要办理相关手续，主要包括由教育部门认可的《办学许可证》，工商局办理的《营业执照》等。因为每个地区的办学标准不同，要根据地区实际情况符合当地办学的场所、注册资金、教师条件等办学标准，才能顺利完成相关手续，获得相关资格证书。

5. 进行市场分析

市场分析包括竞争对手分析和受众分析。想要在激烈的竞争中赢得一席之地，必须全面掌握竞争对手信息，找到自己的优势和特色，才能确保创业不会昙花一现。此外，要对受众进行分析，了解受众年龄特点、培训需求、群体特征才能有针对性地进行课程研发，提高受众满意度。

6. 选择店铺地址

选址是一门学问，艺术培训机构开在哪里非常重要，选址决定了你以后的市场走势。不管是选择在中小学附近还是居民住宅区周围，切记，不要哪里火爆选哪里，要选择有开发潜力，但竞争相对不那么激烈的区域。

7. 师资队伍建设

师资是所有培训机构的痛点，一个优秀的师资队伍是机构赖以生存的法宝。在师资的选择上，尽量选择有培训经验，专业基础扎实，获得教师资格证的人，便于提高机构的培训质量水平。此外，还要经常开展师资培训，提升机构的实力和口碑。

8. 营销推广宣传

创办培训机构重要的一环就是进行市场推广宣传，增加曝光率。推广宣传主要有以下方式。

营销推广原则是：哪里人多就去哪里。小区、商场、学校周边是目标群体的聚集地。可以通过派发传单、张贴广告等吸引一批容易转化的客户。

通过举办活动吸引客户。如邀请专业人士，在书城、商场、广场附近有针对性地开展讲座、游戏活动，配合现场报名销售，这是一种宣传效果不错的方式。

通过加微信好友送礼物的方式与客户拉近距离，通过公开课免费试听活动邀请客户进行课程体验，可以为机构争取一部分客户资源。

此外，还要充分利用二次传播。如客户推荐返利，让学员代发传单，分享朋友圈等，这些都可以帮助我们提高品牌的知名度。

通过以上介绍，相信很多人已经按捺不住激动的心情了，那就从今天开始储备创业能量吧！多涉猎一些自主创业和经营管理的书籍；多学习一些成功人士的创业经验；多到实地看看市场行业现状；多积累一些创业实践经验。

人生，并不因已存在的价值而精彩，却因自我创造的价值而美丽。在创造价值的过程中，我们需要的，是在面临考验时的坚韧不拔、顽强不屈，而不是在看见困难时就自暴自弃、怯懦哭泣。创业过程亦是如此，让我们以顽强拼搏的斗志去创造属于我们的人生价值。

参考文献

[1] 时尚行业职位揭秘——设计师助理 .［EB/OL］.［2002-05］. https://www.sohu.com/a/396678710_559321.

[2] 孟艳婷 . 时装是感性与理性的交织——访 COSDEAR 设计总监张俐［J］. 国际服装动态 .2006(1)：2. 形象设计师 .［EB/OL］. 百度百科 .https://baike.so.com/doc/5432074-5670368.html.

[3] 姐是时尚造型师，低调赚大钱，还和明星做闺蜜 .［EB/OL］.［2019-09-16］.https://zhuanlan.zhihu.com/p/82724045. 浙江毛戈平学校“现代人物形象设计班”毕业展隆重举行 .［EB/OL］.［2012-08-21］. http://blog.sina.com.cn/s/blog_ae9599d001015r95.html.

[4] 平面设计师 .［EB/OL］. 百度百科 . https://baike.so.com/doc/5351581-5587039.html.

[5] 形象设计师 .［EB/OL］.［2014.12.27］https://www.docin.com/p-1004197372.html.

[6] 设计不是技能而是本能——专访著名平面设计师汪钟鸣 .［EB/OL］.［2020-02-14］. https://hea.china.com/article/20200214/022020_464602.html.

[7] 时尚配饰设计专业发展前景 .［EB/OL］.［2017-06-06］. http://www.mfastudyedu.com/shtml/yishuliuxue/11163.html.

[8] 时尚界那些炙手可热的配饰设计师 .［EB/OL］.［2017-08-26］. https://www.sohu.com /a/167397590_165955.

[9] 张琬麟. 适合与创意——中国著名舞台服饰设计师董淑芳访谈录［J］. 内蒙古大学艺术学院学报，2008.6(3)：5.

[10] 张建功 . 品牌包装设计 . [EB/OL] . [2016-12-04] . https://max.book118.com/html/2016/1129/66726089.shtm https://wenku.baidu.com/view/db09e9270740be1e650e9a2b.html.

[11] 当今最具影响力的包装设计师及其作品 . [EB/OL] . [2016-09-27] .https://kuaibao.qq.com/s/20190831AZOSBD00？ refer=spider. 服装图案设计师 . 百度百科 .https://baike.so.com/doc/2454366-2594444.html.

[12] 张钰 . 复古图案元素对服装设计风格的影响 [J] . 辽宁丝绸，2020(2)：1-2.

[13] 尚插画师的梦想记录，态度比画技更重要 . [EB/OL] . [2017-03-15] .https://www.163.com/dy/article/CFIKBD5C0518841N.html. 服装样板师 . [EB/OL] . 百度百科 .https://baike.so.com/doc/6830479 -7047676.html.

[14] 车间主任：请做好领头人的工作，千万不要让老板觉得你可有可无！ . [2018-07-03] . https://www.sohu.com/a/238992495_99913686

[15] 服装买手介绍 . [EB/OL] .2019.07.16.http://www.pincai.com /article/1923989.html.

[16] 服装买手，买手店那些事儿 . [EB/OL] .2019.08.08.https://www. sohu.com/a/ 332468679_195358. 服装陈列师 . [EB/OL] . 百度百科 https://baike.so.com/doc/5994452-6207423.html.

[17] 法国著名陈列师 Florence Hugony 讲述关于陈列 . [EB/OL] . [2010-11-04] . http://blog.sina.com.cn/s/blog_54228acc0100mgqd.html.

[18] 导购服装销售案例 . [EB/OL] . [2017-08-23] .https://www.360kuai.com/pc/ 9d1b5a52ead04571d？ cota=4&tj_url=so_rec&sign=360_57c3bbd1&refer_scene=so_1.

[19] 赖松，张彦山 . 金牌店长的成才经——专访例外服饰北京国贸中心商场店店长胡英杰 [J] . 纺织服装周刊，2011.02.21：2-3. 论领头雁的重要性 . 高雨薇 . [EB/OL] . [2016-05-24] http://blog.sina.com.cn/s/ blog15b35acce0102wkg7.html.

[20] 什么造就了培训大师？ [EB/OL] . [2018-05-29] .https://www.sohu.com/a/233318804_299144. 方泽明 . 关于服装企业市场调研的一些思考 [J] . 专业耕耘，2019.02.15.

[21] 胡润的个人经历 . [EB/OL] . [2016-05-06] .https://zhidao.baidu.com/question/137964189579556805.html.

[22] 服装市场督导培训 . [EB/OL] . [2010-12-25] . https://wenku.baidu.com/view/294413c48bd63186bcebbc87.html.

[23] 如何做好一个市场督导 . [EB/OL] . [2017-11-26] https://zhidao.baidu.com/question/207

3996228387607108.html. 网店美工的工作内容是什么.［EB/OL］.［2020-11-10］. https://wd.yuzhua.com/ consulte/2-38-26328.html. 淘宝美工怎么样，如何晋升？［EB/OL］.［2017-02-05］. https://bbs.paidai.com/topic/1168364？ v=1591748315 一个淘宝金牌客服需要具备的这些素质，你一定要知道.［EB/OL］.［2020-04-02］. https://bbs.paidai.com/topic/1779577.

［24］阿里客服小二背后的故事.［EB/OL］.［2018-02-01］.https://www.sohu.com/a/ 220374870_231216. 新人入场直播电商需要准备什么？［EB/OL］.［2019-10-16］.https://baijiahao. baidu.com/s？ id=1647455712463760700.

［25］直播带货火了！广东服装行业直播电商基地来了.［EB/OL］.［2020-05-08］. https://www.sohu.com/a/393848722_651795.

［26］2020 年中国直播电商平台发展现状、挑战与趋势全剖析.［EB/OL］.［2020-05-13］. https://www.sohu.com/a/394623312_728793.

［27］2017 主播职业报告.［EB/OL］.［2018-01-07］.http://www.xinhuanet.com/info/ 2018-01/07/c_136878205.htm.

［28］山东理工大学 2021 年诚聘海内外高层次人才启事.［EB/OL］.［2020-12-21］. https://rcb.sdut.edu.cn/2020/0115/c7429a365652/page.htm.2020 山东理工大学招聘公告.［EB/OL］.［2020-06-09］. http://hrss.shandong.gov.cn/channels/ch00582/.

［29］中华人民共和国教育部. 教育部关于做好 2018 年普通高校招生工作的通知.［EB/OL］.［2018-03-05］.http://www.moe.gov.cn/srcsite/A15/moe_776/s3258/201803/t20180320_330717.html. 儿童美术培训机构发展前途？［EB/OL］.［2017-08-09］. https://www.zhihu.com/tardis/landing/360/ans/211198260？

［30］2020 年高校毕业生就业现状分析报告.［EB/OL］.［2020-05-27］.http://news.shm.com.cn/txy/article/newsInfo/79628.

［31］"真·时尚博主"到底是什么样的？［EB/OL］.［2017-07-09］. https://www.sohu.com/a/155803327_118040. 如何运用当下社交媒体打造个人 IP，并成为一名可以有副业收入的 KOC？［EB/OL］.［2020-05-15］.https://mp.weixin.qq.com/s/r7rXAySCLJtc5On5uA_o2w.

［32］微商大事件：细数微商成功经典案例.［EB/OL］.［2018-01-25］. https: //www.sohu.com/a/218840252_817279.

［33］店宝宝：现在开网店还有发展前景吗？ 20 万人在淘宝创业．［EB/OL］．［2020-10-22］. https://www.sootoo.com/content/750861.shtml.

［34］2018 开服装店具体操作最全攻略．［EB/OL］．［2018-07-12］.https://www.sohu. com/a/240742077_195358.